劳动力供给变化对制造业升级的影响研究

阳立高　著

科学出版社
北京

内 容 简 介

本书针对当下劳动力供给变化如何影响制造业升级的热点问题，结合国内外研究进展，采用由现象到问题，理论与实证相结合的方式，从劳动力供给数量、质量与结构三个层面，深入探讨了劳动力供给变化和制造业转型升级二者之间的内在联系与作用机理，并对劳动力供给变化影响制造业转型升级与结构优化的效应进行了实证检验，最后就如何协同劳动力供给新变化，顺势推进制造业转型升级与结构优化提出政策建议。

本书既可以作为高等院校经济与管理类专业的硕士生、博士生和教师的科研参考用书，又可以作为本科生的拓展读物，还可以作为党政机关干部和企业管理层的决策参考用书。

图书在版编目（CIP）数据

劳动力供给变化对制造业升级的影响研究 / 阳立高著. —北京：科学出版社，2020.10

ISBN 978-7-03-054003-4

Ⅰ. ①劳… Ⅱ. ①阳… Ⅲ. ①劳动力-供求关系-影响-制造工业-产业结构升级-研究-中国 Ⅳ. ①F249.21 ②F426.4

中国版本图书馆 CIP 数据核字（2018）第 181126 号

责任编辑：王丹妮 / 责任校对：贾娜娜

责任印制：张 伟 / 封面设计：无极书装

科学出版社出版

北京东黄城根北街 16 号

邮政编码：100717

http://www.sciencep.com

北京建宏印刷有限公司 印刷

科学出版社发行 各地新华书店经销

*

2020 年 10 月第 一 版 开本：720×1000 B5

2020 年 11 月第二次印刷 印张：10 1/2

字数：200 000

定价：128.00 元

（如有印装质量问题，我社负责调换）

本书受如下项目资助

1. 国家社会科学基金重点项目“劳动力结构变化促进制造业迈向全球价值链中高端的机理及政策研究”（项目编号：18AJL008）

2. 国家社会科学基金青年项目“劳动力供给变化影响制造业升级的机理及政策研究”（项目编号：13CJL058）

3. 教育部社会科学重大课题攻关项目“发达国家‘再工业化’对中国制造转型升级的影响及对策研究”（项目编号：17JZD022）

4. 国家自然科学基金面上项目“国际贸易投资规则重构影响中国出口价值链升级：机制、效应及其路径研究”（项目编号：71673083）

5. 湖南省社会科学成果评审委员会重大课题“促进湖南制造业迈向全球价值链中高端的机制与政策研究”（项目编号：XSP20ZDA005）

作 者 简 介

阳立高，男，1978 年 1 月生，湖南隆回人，中共党员，经济学博士、博士后，美国普渡大学访问学者，长沙理工大学教授、博士生导师、湖湘学者，教育部入库专家，2017 年和 2020 年均入榜中国哲学社会科学最有影响力学者（人才学与劳动科学全国排名第 8），入选湖南省首批“团队百人”计划，湖南省社会科学优秀成果奖一等奖获得者（排第 1）。2010 年于湖南大学经济与贸易学院获经济学博士学位；2014 年 12 月于湖南大学机械与运载工程学院机械工程博士后科研流动站完成科研任务出站；2017 年 11 月受国家留学基金资助到美国普渡大学做访问学者。主要研究方向为产业经济学、人才开发、人力资本、技术创新与经济增长。

先后主持国家社会科学基金重点项目 1 项、国家社会科学基金青年项目 1 项（结题成果评定为“优秀”）、教育部社会科学重大课题攻关项目子项目 1 项、国家留学基金 1 项、中国博士后科学基金 1 项、湖南省社会科学成果评审委员会重大课题与重点课题各 1 项、湖南省软科学计划重点项目 2 项、湖南省社会科学基金 2 项、湖南省教育科学规划课题 1 项，其他省部级重点和一般项目 12 项。先后在《人民日报》、《管理世界》、*Environmental Science and Pollution Research*、《中国软科学》、《经济学动态》等权威期刊发表学术论文 90 多篇，其中第一作者 50 多篇，国家自然科学基金委员会认定权威期刊 10 篇，SSCI（Social Science Citation Index，社会科学引文索引）5 篇，SCI（Science Citation Index，科学引文索引）2 篇，EI（Engineering Index，工程索引）1 篇，CSSCI（Chinese Social Science Citation Index，中文社会科学引文索引）源刊 50 多篇；被中国第一智库全文转载 1 篇，被湖南智库网全文转载 2 篇，被人大复印报刊资料全文转载 6 篇；论文在中国知网总被他引 1 538 次、总下载 62 927 次，单篇最高他引 206 次、下载 6 998 次；在科学出版社和经济科学出版社出版学术专著 2 部，在清华大学出版社出版普通高等院校“十三五”规划教材 1 部；科研成果获省部级领导批示 1 次，获湖南省社会科学优秀成果奖一等奖 1 项（排第 1）、湖南省科技进步奖 2 项（其中 1 项排第 1）、湖南省高等教育教学成果奖 1 项、长沙理工大学社会科学优秀成果奖一等奖 1 项（独立）、长沙理工大学研究生教育教学成果奖一等奖 2 项和二等奖 1 项，其他奖项十多项。

谨以此书献给我的家人、师长、同学、学生、朋友、同事和所有关心我的人！

序　言

改革开放40多年来，丰富与廉价的劳动力资源曾支撑我国制造业持续、快速发展，推动中国成为世界第一制造大国和第二大经济实体。然而，在当前人口老龄化、高等教育大众化与全面二孩化等多重背景下，我国劳动力供给正发生深刻变化，将对制造业发展与转型升级产生深远影响，突出表现如下：一是劳动力供给数量长期趋减，劳动力成本上升，数量型人口红利消退，制造业原有低成本优势正在消减。二是人均受教育年限增加，劳动力供给质量提高，质量型人口红利日渐凸显，但人才核心关键技术创新能力缺失，制造业技术竞争新优势短期内难以形成。三是新生代劳动力择业偏好转变，呈明显“去制造业化”新态势。因此，如何顺应劳动力供给新变化，顺推制造业转型升级与结构优化意义重大，该书在这些方面做出了有益探讨。

该书总计十章，在劳动力比较优势动态变化的新条件下，以制造业升级为研究对象，紧紧围绕劳动力供给数量、质量、成本与行为动态变化对制造业升级的影响机理及效应这条主线，沿着提出问题、分析问题、解决问题的逻辑思路，首先，对多重背景下我国劳动力供给正发生的深刻变化及其对制造业发展与转型升级带来的深远影响进行了探讨，对劳动力供给变化新条件下我国制造业发展与转型升级面临的主要困难和核心问题进行了分析；其次，从劳动力供给数量、质量、结构、成本、新生代劳动力供给等多重维度，对劳动力供给和制造业升级二者之间的内在联系与作用机理进行了系统梳理，并对劳动力供给变化影响制造业升级的效应进行了实证检验；最后，就如何协同劳动力供给新变化，顺势推进制造业转型升级与结构优化提出了政策建议。

该书的主要创新和贡献体现在以下三个方面。

第一，从全国与分地区两个层面，从劳动力供给数量、质量、结构、成本、新生代劳动力供给等多重维度，探讨劳动力供给变化和制造业转型升级二者之间的内在联系、作用机理和影响效应，为探讨如何顺沿劳动力供给新变化，顺势推进制造业转型升级提供了强有力的理论依据。

第二，根据新生代劳动力的基本特征，运用分地区和制造业细分行业数据，深入分析了新生代劳动力供给变化对制造业升级与结构优化的影响，拓展了劳动力供给及相关领域的研究范围，为进一步从事相关研究做了一定的铺垫。

第三，探索了促进低端制造业企业转型升级或倒逼其退出市场的有效政策，以及驱动高端制造业持续、快速发展的动力源泉和有效途径，为有效解决“民工荒”与大学生“就业难”问题，大幅提高全要素生产率与产业综合竞争力，破解“中等收入陷阱”，实现新的经济增长方式提供了理论、实证与政策支持。

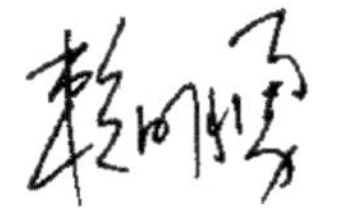

2018 年 9 月 8 日

前　　言

丰富而廉价的劳动力资源曾支撑我国制造业持续、快速发展，推动我国成为世界第一制造大国与第二大经济实体。然而，在当前人口老龄化、高等教育大众化与实施全面二孩政策等多重背景下，我国劳动力供给正发生深刻变化，并对制造业升级产生了深远影响，突出表现如下：劳动力供给数量减少，劳动力成本上升，新生代劳动力择业偏好转变，导致制造业传统优势正在削减；劳动力供给质量上升，但制造业升级速度落后于知识型劳动力占比提速，知识型劳动力比较优势难以发挥，制造业技术竞争新优势难以形成。因此，探讨如何顺应劳动力供给新变化，顺势推进制造业转型升级与结构优化，成为我国经济社会发展亟须解决的新问题。

在我国劳动力比较优势动态转变的新条件下，本书基于劳动、资本、技术密集型制造业细分行业及制造业价值链的低、中、高端劳动力需求异质性的基本假设，以制造业转型升级与结构优化为研究对象，紧紧围绕劳动力供给数量、质量、结构、成本、行为及新生代劳动力供给动态变化对制造业升级及区域布局的影响机理及效应这条主线，以历年相关分组分类数据为依据，通过构建 GMM（Gaussian mixture model，高斯混合模型）、FGLS（feasible generalized least square，可行广义最小二乘）模型、VAR 模型（vector autoregressive model，向量自回归模型）等，运用 Stata、EViews 等工具，从全国和分地区两个层面，从劳动力供给数量、质量、结构、成本、行为及新生代劳动力等多重视角，对劳动力供给和制造业升级二者之间的内在关系进行梳理，对劳动力供给变化影响制造业升级的作用机理展开深入探讨，就劳动力供给变化对制造业升级的影响效应进行实证检验，为有序推进制造业转型升级、结构优化与区域布局提供理论、实证与决策支持。

首先，本书阐述了选题的研究背景，分析了本书选题的理论价值与现实意义，并对本书所涉及的主要概念进行了界定；对现有相关文献的主流研究方法、基本思想和主要观点进行梳理，并对现有研究的贡献进行了评价；在现有研究基础上，进一步地，基于实地调研与统计数据，依次对人口结构转变视角下的劳动力尤其是新生代劳动力供给变化情况，劳动力供给变化视角下的劳动力成本变化趋势，以及劳动力供给变化作用下我国制造业转型升级及结构优化面临的挑战与机遇展开了深入分析，从而提出了本书研究的核心问题——如何顺沿劳动力尤其是新生代劳动力供给变化，顺势推进我国制造业转型升级与结构优化。

其次，本书从劳动力供给数量、质量与结构三个层面，深入探讨了劳动力供给变化和制造业升级二者之间的内在联系与作用机理，提出以下观点：一是我国数量型人口红利消退会对制造业升级形成倒逼机制。在相当长一段时期里存在的丰裕、廉价的数量型人口红利曾经推进我国低端制造业持续、快速发展；而当前人口结构转变与人口老龄化加速背景下我国数量型人口红利的快速消退将迫使我国低端制造业企业要么转型升级，要么退出市场。二是高等教育大众化背景下，劳动力供给素质发生重要变化。随着劳动力人均受教育年限的延长，质量型人口红利日渐凸显，人力资本的较快积累将通过影响科技创新能力、市场需求结构、储蓄率等因素，继而推动制造业转型升级。三是人口结构变化背景下劳动力供给结构发生深刻变化。人口老龄化加速与实施全面二孩政策背景下，无论是老年抚养比、少儿抚养比，还是总抚养比，都将较快上升，这也会通过影响储蓄率、消费结构、劳动生产率等因素，继而对制造业升级产生一系列复杂的影响。

再次，从劳动力供给（数量、质量、结构）变化、新生代劳动力供给变化（数量、质量）与劳动力成本变化三个视角，从全国和分地区两个层面，分别构建计量模型，对劳动力供给变化对制造业转型升级与结构优化的影响效应进行了实证检验，并得出了一系列重要结论：一是以我国历年省级面板数据为样本，从劳动力供给数量、质量与结构的综合视角，探讨了劳动力供给变化对制造业结构高度化与合理化的影响效应。结果显示：在全国层面上，劳动力供给数量、质量与结构均对制造业结构高度化和合理化水平产生了不同程度的影响；从分地区的估计结果来看,劳动力供给数量能显著提高西部地区制造业结构高度化与合理化水平，却对东、中部地区影响不明显。劳动力质量能显著提升东、中部地区制造业结构高度化与合理化水平，但对西部地区影响不明显；总抚养比上升不利于东、中部地区制造业结构优化，却对西部地区制造业结构高度化形成了明显的倒逼机制。二是运用历年我国新生代劳动力供给和制造业细分行业数据，基于新生代劳动力供给数量与质量的双重视角，对新生代劳动力供给变化影响制造业升级的效应进行实证检验。结果显示：新生代劳动力供给数量与质量变化对低端制造业的影响显著为负，且系数较大，对中端和高端制造业的影响显著为正。三是运用历年我国制造业细分行业面板数据，对劳动力成本上升影响制造业结构升级的效应进行了实证检验。结果表明：劳动力成本上升对劳动、资本、技术密集型制造业的影响分别为显著为负、显著为正、为正但不显著，劳动力成本上升已成为促进制造业结构升级的重要推手。四是在劳动力供给变化背景下，运用历年分省份制造业细分行业面板数据，通过构建 FGLS 模型等，对劳动力视角下人力资本与技术进步影响制造业升级的效应展开了实证检验。结果发现：人力资本积累和技术进步对制造业升级均有明显的促进作用，且这一作用效果具有明显的地区差异。

最后，根据前面提到的现状与问题分析、理论探讨及实证检验结果，就如何协同劳动力供给新变化，顺势推进制造业转型升级与结构优化提出如下政策建议：应基于劳动力供给数量变化，政策倒逼低端制造业转型升级；顺应劳动力供给质量变化，政策顺推高端制造业快速发展；全面推进简政放权，促推中端制造业做大做强和“走出去”；加快培养高技术技能人才，基于技术技能双提升促进制造业升级；校企深度合作培养高层次创新型人才，基于人力资本提升和技术创新驱动制造业升级；协同区域劳动力供给新变化，政策促推制造业梯度转移与结构优化；实施有保有压的差别化产业政策，推进制造业升级和实施有扶有控的差别化区域政策，促进制造业转型升级与结构优化；等等。

本书研究的主要目的：一是梳理劳动力供给数量、质量、结构、成本、新生代劳动力供给和制造业发展及转型升级的现状及存在的主要问题；二是厘清劳动力供给变化和制造业升级二者之间的内在联系与作用机理；三是探明劳动力供给变化各个维度对制造业升级与结构优化的影响效应；四是就如何顺沿劳动力供给新变化，顺势推进制造业向和劳动力供给动态变化相吻合的高端升级和如何根据制造业升级发展新要求，培养为之所需的各层各类人才提出政策建议，以有效破解制造业低端产能严重过剩与高端有效供给不足的难题和大学生就业与制造业招工“两难”问题；五是为企业与政府等做相关决策，以及为相关学者开展相关领域的研究提供数据、理论与经验支持。

目 录

第一章 绪　论

第一节 研究背景与意义

一、研究背景

丰富而廉价的劳动力资源曾支撑我国制造业持续、快速发展，推动我国成为世界第一制造大国和第二大经济实体[1]。然而，随着人口结构的快速转变与第一个老龄人口增长高峰的到来，以及高等教育大众化背景下人均受教育年限的较快增长，我国劳动力供给尤其是新生代劳动力供给，正经历前所未有的深刻变化，将对我国制造业发展产生深远的影响。

（1）人口老龄化加速背景下，劳动力供给数量长期趋减，数量型人口红利消退，传统低成本优势不复存在，劳动密集型（低端）制造业发展举步维艰[2]。随着人口结构的转变与人口老龄化的加速，我国劳动力供给绝对数量已于 2012 年首次出现，且将长期延续负增长[1]。根据《2012 年国民经济和社会发展统计公报》，我国 2012 年适龄劳动人口数为 93 727 万人，较 2011 年下降 345 万人，这是相当长时期以来，我国劳动力供给绝对数量第一次出现下降，且这种下降趋势将在相当长的时期里成为一种常态。王金营和顾瑶利用劳动参与率模型预测，到 2016 年我国劳动力供给数量将达到最高峰，其后不断减少，到 2050 年将减少 1.18 亿人[3]。这意味着，依赖丰富而廉价的劳动力资源曾获得持续、快速发展的我国劳动密集型制造业利润与发展空间越来越小，进一步发展更是举步维艰。

事实上，一国或地区劳动密集型制造业企业的发展与利润空间主要取决于国内劳动力供给数量的丰裕程度和国内外劳动力成本差异。国内劳动力供给越丰裕，国内与世界平均劳动力成本差距越大，则国内劳动密集型制造业企业的发展与利润空间越大，反之则反。2004 年以来，随着国内劳动力供给数量与企业需求之间的缺口越来越大，劳动力成本已成急剧攀升之势。我国制造业名义工资从 1998 年的 7 064 元上升到 2012 年的 41 650 元，累计增长 489.61%，年平均增长率高达 13.51%，扣除物价影响因素之后，实际工资从 1998 年的 7 064 元上升到 2012 年的 31 275 元，累计增长 342.74%，年均实际增长率为 11.21% [1~4]。而根据《2008~2014 中国制造业 500 强研究报告》，随着劳动力成本的不断攀升，我国制造业企业 500 强的利润水平呈迅速下降趋势，2014 年跌至 2008 年以来最低水平，平均利润率仅为 2.7%，其中还有 259 家利润率低于 2%，远低于世界制造业 9.3% 的平均利润率。与此相对应的是，中国制造业 500 强的资产负债率呈迅速攀升趋势，2014 年整体资产负债率达到 69.43%的新高[5]。在高劳动力成本背景下，中国制造业尤其是劳动密集型制造业，特别是东南沿海外向型制造业企业，几乎集体陷入了前所未有的发展困境，继而导致大量资本集体外逃，其中相当一部分逃往东南亚、非洲及南美等劳动力成本更低的国家和地区。根据《华尔街日报》，截至 2012 年 9 月的一年时间里，就有 2 250 亿美元流出中国，相当于中国 2011 年 GDP（gross domestic product，国内生产总值）的 3%[6]。

（2）高等教育大众化背景下人均受教育年限较快增长，劳动力供给质量提高，质量型人口红利日渐凸显，但人力资本积累与技术创新能力和人均受教育年限延长速度不匹配，技术创新尤其是核心关键技术创新能力不高，制造业新的竞争优势尚未形成，技术密集型（高端）制造业发展缓慢。高等教育大众化背景下，我国劳动力人均受教育年限快速延长，劳动力供给质量将在相当长的时期内呈不可逆上升趋势。根据对历年国家统计局数据的测算，科教兴国大背景下，近年来我国人均受教育年限较快增长。2014 年我国人均受教育年限达到 9.34 年，约为 1990 年人均 6.26 年的 1.5 倍，25 年间共提高了 3.08 年，年平均增长率为 1.68%。尤其是在东部发达地区部分省份，人均受教育年限已达到 12 年左右，如 2014 年北京与上海人均受教育年限分别为 12.3 年、11.1 年。特别是作为“80 后”“90 后”新生代劳动力，人均受教育年限更长，接受高等教育人数无论是总量还是其占比都迅速增加。2014 年全国新生代劳动力人均受教育年限已达 11.82 年，东部发达地区更是高达 15.12 年。

然而，在人均受教育年限快速增长的同时，人力资本与技术创新水平却没有得到同步同速提升，制造业技术创新能力不强，核心、关键技术缺失，产业核心竞争力较低。时至今日，我国已然成为人力资源大国，却仍不是人才强国，高层次创新型人才和高层次技术技能人才非常稀缺，拔尖型、领军型科技、管理人才更是凤毛麟角。我国已然成为世界第一制造大国，但仍然是技术创新小国，决定产业核心竞争力的关键、共性技术缺失，核心零部件主要依靠进口，制造业发展缺乏技术主导权、发展主动权和国际话语权。处于全球价值链（global value chain，GVC）“装配、制造”低端环节的中国制造，哪怕是造再多的产品，也是别人的辉煌。

（3）多重因素作用下新生代尤其是独生子女劳动力就业观念与择业行为转变，呈明显的“去制造业化”“高端化”“服务化”新态势，这将倒逼低端制造业升级，顺推高端制造业发展[7]。受始于20世纪70年代，严于八九十年代的人口与计划生育政策和始于90年代中后期，加速于21世纪初的高等教育大众化，以及家庭收入水平较快提高等多重因素影响，我国“80后”“90后”新生代劳动力，尤其是当中的独生子女，大多具有受教育程度高、职业期望值高、物质精神享受要求高、工作耐受度低的“三高一低”的新特征[7]。这些新特征导致他们大多不愿意去制造业尤其是低端制造业企业生产一线岗位工作，而更偏向于服务业和技术密集型制造业企业所可能提供的工作条件与环境较好的工作岗位。这将进一步减少低端制造业的劳动力供给数量，加剧原本就很严重的“民工荒”，使劳动密集型制造业企业面临的劳动力成本加速上涨，其发展更是雪上加霜。当然，新生代劳动力择业行为的“高端化”“服务化”，如果引导得当，也将成为推动高新技术产业发展的加速器，继而成为促进制造业转型升级的重要推手。

因此，在当前我国劳动力尤其是新生代劳动力供给发生深刻变化的新条件下，制造业面临着原有的低成本优势正在逐渐消失，而新的技术竞争优势难以形成的双重困境。如果不能制定科学合理的政策，引导与扶助低端制造业升级，并强力推进高端制造业发展，我国将可能面临劳动密集型制造业企业逐步消亡或撤离，而技术密集型制造业工业体系难以建立，国内制造业趋向空心化，最终掉入中等收入陷阱的巨大风险。

二、研究意义

在劳动力供给发生深刻变化的新条件下，根据制造业价值链的低、中、高端和劳动、资本、技术密集型制造业对劳动力数量与质量的异质性需求，运用分地区和制造业细分行业数据，从全国和分地区两个层面，从劳动力供给数量、质量、结构、成本、择业行为，尤其是新生代劳动力供给等多重视角，对劳动力供给变化和制造业转型升级二者之间的内在联系与作用机理进行探讨，对劳动力供给变化影响制造业转型升级与结构优化的效应进行实证检验，以探讨如何通过政策导向，助推制造业向和劳动力供给动态变化相匹配的产业高端升级，具有重要的理论价值与现实意义。

（1）理论价值。一是创造性地运用分地区和制造业细分行业数据，从全国与分地区两个层面，从劳动力供给数量、质量、结构、成本与择业行为等多重视角，深入探讨了劳动力供给变化和制造业转型升级二者之间的作用机理和影响效应，为探讨如何顺沿劳动力供给变化，顺势推进制造业转型升级提供强有力的理论依据与实证支持；二是创造性地基于“80后”“90后”新生代劳动力的诸多特征，深入研究了新生代劳动力供给变化对制造业升级与结构优化的影响，拓展了劳动力供给及相关领域的研究范围，为进一步从事相关研究做了一定的铺垫。

（2）现实意义。一是摸清我国劳动力，尤其是新生代劳动力供给和制造业分类发展与转型升级现状，找准劳动力供给变化新条件下我国制造业发展与转型升级面临的主要困难和核心问题；二是厘清劳动力供给和制造业升级二者之间的内在联系与作用机制，探索和劳动力尤其是新生代劳动力供给动态变化相吻合的制造业转型升级与结构优化的有效路径；三是探索促进低端制造业企业转型升级或倒逼其退出市场的有效政策和驱动高端制造业持续、快速发展的动力源泉及有效途径，以有效解决“民工荒”与大学生“就业难”问题，大幅提高全要素生产率与产业综合竞争力，破解“中等收入陷阱”之谜，实现新的经济增长方式，走出“十面霾伏”，建设美丽中国。

第二节　相关概念界定

一、劳动力数量、劳动力质量与劳动力成本

1. 劳动力数量

从人口学理论上来说，劳动力属于群体概念，劳动力数量是指在一国或地区范围内，具有劳动能力人口的总和[8]。经济学所研究的劳动力是指在一定年龄范围之内，兼顾劳动能力与就业需要，从事或能够从事某种职业劳动的全部人口的总和，其中包括就业者和失业者，即社会劳动力。根据我国现行法律，我国将劳动年龄人口定义为16~60岁的男子和16~55岁的女子；而国际上一般把15~64岁的人口列为劳动年龄人口，我国国家统计局也采用这一标准，将15~64岁的人口统计为适龄劳动人口。基于数据的可获得性，我们采用国家统计局标准，将劳动力界定为15~64岁的劳动年龄人口[9]。此外，虽然劳动年龄人口并不完全等同于劳动力数量，但是在实际中二者的差值很小，所以通常用劳动年龄人口数量代替劳动力数量。

2. 劳动力质量

一般认为，劳动力质量或者说劳动者素质是凝聚在劳动者身上的，能够在生产实践劳动中创造个人、社会、经济福祉的知识素养、生产经验与劳动技能[10，11]。劳动力质量和劳动者的身体素质与智能水平密切相关。劳动者的身体素质是决定劳动力质量的客观物质基础。除了身体素质这个客观物质基础，劳动力质量的提高，更多地依靠后天的教育投入、培训与潜能开发[12]。在知识经济时代，劳动力质量是影响劳动生产率和经济社会发展更为重要的因素。波特的“钻石理论”认为,生产要素状况是决定一国或地区产业与产品综合国际竞争力的核心因素之一，生产要素包括基本要素和高级要素，而其中起关键作用的就是高级要素，即劳动力质量[13]。

3. 劳动力成本

劳动力成本是指用人单位配置和使用劳动力过程中所发生的一切费用，包括物化及非物化支出的总和，一般可以将其分为工资成本与非工资成本两大类[14]。劳动力成本是一个相对宽泛的概念，劳动力成本不能直接用工资水平来衡量，其高低取决于单位产品劳动成本的高低[15]。国际劳工组织（International Labour Organization，ILO）规定，劳动力成本除了包括职工的工资、奖金、津贴等以货币度量的收入以外，还包含其他福利性收益，甚至还涵盖雇主承担的住房、招聘、税收等成本[16]。

二、人口红利、数量型人口红利与质量型人口红利

1. 人口红利

人口红利的概念最先由 Bloom 等提出，他们将“两头小、中间大”的人口年龄结构定义为人口红利，并认为人口红利为经济快速发展提供了明显的机会窗口[17]。一般来说，人口红利是指由劳动人口占总人口比例的上升所带来的高储蓄、高投资等一系列有利于经济增长的机会，通常用适龄劳动人口数占总人口数的比重来表示[18，19]。国际上对人口红利是否存在的判断依据一般是一个国家或地区适龄劳动人口在总人口中的占比是否超过了 70%，如果超过 70%，则认定该国家或地区存在人口红利[20]。蔡昉则认为，劳动年龄人口和人口抚养比是衡量人口红利的重要指标，如果劳动年龄人口数量增长、人口抚养比下降则意味着人口红利增加或出现，反之则表明人口红利减少或消失[21]。

2. 数量型人口红利

人口红利通常可以分为数量型人口红利和质量型人口红利两类。数量型人口红利通常指第一次人口红利[22，23]。学者们大多认为，数量型人口红利是由人口结构、年龄结构变化带来的适龄劳动人口数量的增加、劳动力供给丰裕、劳动力成本相对较低以及由此带来的经济增长正向效应。自改革开放以来，我国数以亿计的劳动力从农村、农业中解放出来涌向城市，尤其是东南沿海，形成了劳动力的无限供给之势，劳动力成本也极其低廉，只有美、日、欧等发达国家与地区的十几分之一甚至几十分之一。如此丰裕而廉价的劳动力使得我国劳动密集型制造业企业仅凭中外劳动力成本差价就能获得巨大的利润空间、发展潜力与国际竞争力。但与此同时，也形成了过于依赖低成本劳动力数量投入的经济增长模式[24]。

3. 质量型人口红利

质量型人口红利又被称为人才红利或第二次人口红利，是指通过教育与培训等，提高劳动者的知识文化水平、思想道德素质及身体素质等，由综合素质的提高带来劳动生产效率的提升，继而对经济增长带来的正向影响效应，即广义的人口质量红利[25]。由于广义的人口质量红利涉及面较大，难以用具体的指标来衡量，为便于科学研究，在探讨质量型人口红利对经济增长的影响效应时，学者们更多地集中于分析劳动者受教育水平和经济增长之间的关系。因而，许多时候把劳动者的人均受教育程度等同于人力资本，并进而将由人力资本水平提高带来的经济增长称为质量型人口红利。大多数实证结果也表明，质量型人口红利如果开发得当，对经济增长的推动作用将更稳健、更持久[26]。通过对我国教育水平、科技创新能力、科学技术水平等衡量指标进行分析可以发现，当前我国正进入质量型人口红利周期[27]。我国亟须抓住质量型人口红利机遇期，推进产业转型升级，支撑现代经济体系形成。

三、新生代劳动力、择业观念与择业行为

1. 新生代劳动力

由于人口、计划生育、教育与经济政策及核心家庭结构发生系列转变，加之经济社会发展水平和家庭收入较快提高，“80 后”“90 后”新一代劳动力相对之前的劳动力而言，在人口数量、人均受教育年限、择业观念与择业行为等诸多方面存在明显差异，从而使社会各界对“80 后”“90 后”新一代劳动力产生了广泛的

兴趣，并将他们称为新一代劳动力或新生代劳动力。当前对新生代劳动力的界定主要延伸于对新生代农民工的定义。王正中认为，到2006年为止，中国已经形成了两代农民工，第一代生于20世纪50~60年代，80~90年代进入城市，他们普遍受教育水平不高，主要从事体力劳动；第二代生于20世纪80年代，于90年代中后期进入城市，他们大都接受了良好的教育，对职业的期望值高，但工作耐受力却很低，这一代农民工则被称为新生代农民工[28]。王春光指出，新生代农民工是指出生在80~90年代的进城务工人员，他们户口在农村，但工作、居住、生活在城市[29]。结合学者们对新生代农民工的界定，我们认为新生代劳动力是指1980年及以后出生的15岁及以上的适龄劳动人口数。在高等教育大众化、核心家庭子女独生化与家庭收入较快增长的多重背景下，“80后”“90后”新生代劳动力相对“50后”“60后”“70后”劳动力而言，大多具有“三高一低”的新特征，即受教育程度高、物质与精神享受要求高、职业期望高与工作耐受力低的特征。新生代劳动力“三高一低”的新特征将对我国产业发展、转型升级与经济增长产生深远影响[7]。

2. 择业观念

择业观念是指在特定的经济社会条件下，劳动者在选择和从事某一工作岗位的过程中的基本心理状态、情感、态度、评价标准与价值取向等的总和，是劳动者人生观与价值观的重要、具体表现[30]。劳动者的择业观念一般由对工作岗位的认知、情感与行为倾向三个因素构成。从劳动者本身来说，择业观念一般包括择业认知（对自身知识文化程度、能力、综合素质、就业环境、政策环境等的认知程度）、就业态度（就业意愿及其程度）、就业期望（对工作环境、条件、薪酬待遇、职业晋升、发展空间、地域、自然环境等的期望）等几个方面[31]。正确的择业观念对劳动者的影响很大，也是影响社会整体就业水平的重要因素。学校教育尤其是高等教育对人们的择业观念影响甚大，在校期间也是劳动者形成择业观念的重要时期，正确的引导与理念灌输至关重要。

3. 择业行为

一般认为，择业行为是指劳动者根据自身的学历层次、知识水平、技术技能水平、能力与综合素质等，选取适合自身的职业、岗位或工种的行为[32]。罗三桂通过对大学毕业生的就业情况进行实地调研与统计，认为择业行为主要是指就业主体在自己相对稳定的人生观与价值观的指导下，根据自身的综合能力与素质，结合经济社会发展水平与劳动力市场供求情况，在既定约束条件下，比较与选择相对理想的职业与岗位的行为[33]。宁慧基于价值观的视角，将择业行为界定为在市场需求和个人意愿两大影响因素的共同作用下，劳动者经过反复比较、主动适应、择优选择，最终确定就业岗位的动态过程[34]。罗竖元和李萍基于社会学的视角，认为择业行为实质上是劳动者职业地位的选择与获得的过程，通常包括识别择业机会、职业的选择及职业的适应三个方面[35]。

四、全球价值链、产业结构与产业升级

1. 全球价值链

关于全球价值链的探讨，Porter 最早注意到产业内部企业间的价值链分工现象，并提出了价值链理论[36]。Gereffi 提出，当一个国家或地区内的产品价值链发展跨越国界时，就形成了全球价值链，并将其称为“全球商品价值链”（简称全球价值链）[37]。Kaplinsky 和 Morris 则将全球价值链称为“全球产业链”，并指出每个国家或地区根据自身的比较优势状态、要素禀赋结构与自然资源情况等，参与到全球产业链中，分工协作，共同进行生产，可以使各自优势得到更充分有效的发挥，劳动生产效率与总产出水平都能得到较大提高[38]。全球价值链是指生产商品或服务过程中，连接生产、销售、回收处理等过程的全球性跨企业网络组织，包含从原材料采购和运输，半成品和成品的生产与分销，直至最终消费和回收处理的整个过程[39]。由此可见，全球价值链理论主要强调了在全球化纵深发展背景下，世界各国之间根据各自比较优势的相互分工、协同合作，各国之间经济社会关系的相互关联性与相互依存性。全球价值链理论从一个更为宏观的角度为一个国家或地区参与国际竞争提供了战略性指导思想，有利于从全球视角思考产业发展与经济增长问题。

2. 产业结构

关于产业结构的研究，可以追溯到 20 世纪 40 年代，用产业结构的概念来探讨经济问题时，可以分析农业、工业、服务业等各部门之间的经济关系，也可以研究各产业部门的内部关系[40]。学者们大多认为，产业结构一般是指一个国家或地区各产业发展所处阶段、发展水平、所占比重及相互之间的内在联系与影响效用[41，42]。作为产业组织理论创始人，贝恩则将产业结构界定为一个国家或地区各产业间及各产业内部间的占比关系及其变化情况，各产业部门之间的技术变化、技术外溢与扩散是产业结构的重要组成部分[43，44]。

3. 产业升级

产业升级主要是指一个国家或地区的产业状态从低级不断向高级推进的动态

过程，具体表现为低端或劳动密集型产业不断萎缩，占比不断下降，高端或技术密集型产业不断发展与扩张，比重不断增加，而中端或资本密集型产业历经倒 U 形发展轨迹的一个动态过程[45, 46]。产业升级的根本动力是技术创新与技术进步[47, 48]。产业升级的主要实现形式是新技术驱动下的新产品、新工艺的不断涌出和旧产品、旧工艺的不断消亡[49, 50]。一个国家或地区产业升级的最优方向是由其要素禀赋结构及各生产要素的相对价值决定的[2]。随着一个国家或地区高级生产要素增加，如技术要素的不断积累和相对成本的不断下降，劳动生产效率随之上升，才能实现产业的转型升级。一般认为，产业升级包括产业结构升级与产业价值链升级两个层面[51, 52]。产业结构升级通常是指国民经济结构中，高技术高附加值产业生产总值占 GDP 比重不断上升，低技术低附加值产业生产总值占 GDP 比重不断下降，而中技术附加值产业占比先升后降的动态过程[52, 53]。产业价值链升级一般是指一个国家或地区在全球价值链的分工体系中从生产、制造、组装的低技术低附加值环节，依次向零部件生产、销售的中技术中附加值环节，再向研发、品牌服务的高技术高附加值环节不断攀升的动态过程[2]。

第三节 研究思路与方法

一、研究思路

在劳动力比较优势动态转变的新条件下，基于制造业价值链的低、中、高端和制造业细分行业劳动力需求异质性的基本假设，以制造业升级为研究对象，紧紧围绕劳动力尤其是新生代劳动力供给数量、质量、结构与择业行为动态变化对制造业转型升级、结构优化、区域布局的影响机理及影响效应这条主线，以相关分组分类数据为依据，沿着“摸清现状—找准问题—探明机理—实证检验—解决问题”的思路，深入展开本书相关研究。

1. 摸清现状

通过系统地梳理劳动力供给、人口红利、制造业转型升级的相关文献，掌握本书所涉及主要研究领域的发展脉络与最新进展。现有文献分析了劳动力供给变化对制造业发展的影响，大多肯定了低劳动力成本对制造业发展的助推作用，支持近年来我国劳动力供给减少、人口红利消减、新生代劳动者择业行为转变、制造业原有发展模式不可持续的观点，并多从技术创新与产业政策视角探索制造业升级路径。但较少考虑我国阶段性人口、教育与经济政策导致的劳动者素质、观念和行为的代际差异。而从全国与分地区两个层面，分细分行业、分地区探讨和劳动力比较优势动态变化相协调的制造业升级路径的文献尚为少见，研究新生代劳动力供给变化影响制造业升级的文献更是凤毛麟角。

2. 找准问题

劳动力供给变化新趋势与新条件下，我国制造业发展与转型升级存在的主要问题包括：一是人口老龄化加速背景下劳动力供给数量趋紧，劳动力成本上升，数量型人口红利消退，“招工难”愈演愈烈，制造业原有低成本优势消退，低端制造业发展举步维艰，转型升级困难重重；二是高等教育大众化背景下，人均受教育年限延长，劳动力供给质量总体上升，但当前人才培养模式下高层次创新型、应用型人才稀缺，大学生“就业难”问题凸显，科技创新能力仍然不足，产业核心、关键技术缺失，制造业技术竞争新优势难以形成，高端制造业发展缓慢，缺乏核心竞争力；三是核心家庭结构转变背景下，新生代劳动力择业行为呈“去制造业化”“高端化”“服务化”新态势，使低端制造业企业发展雪上加霜。

3. 探明机理

研究发现，劳动力供给变化主要通过劳动力供给数量、质量与结构三种变化作用于制造业升级，具体如下：一是劳动力供给数量变化对制造业升级的影响，这体现为丰裕而廉价的劳动力供给数量会引致制造业低端化发展，不利于制造业升级，而数量型人口红利消退又会对制造业升级形成倒逼机制；二是劳动力供给质量变化会通过影响一国或地区的科技创新能力和市场需求结构，继而作用于制造业升级，且二者之间通常呈正相关性；三是劳动力供给结构变化，即少儿抚养比、老年抚养比和总抚养比变化，会通过影响一国或地区的储蓄率、消费结构、劳动生产率等，继而作用于制造业发展与转型升级。

4. 实证检验

主要从劳动力供给数量、质量、结构、成本及劳动力供给视角下的人力资本积累与技术进步几个维度，对劳动力供给变化对制造业升级的影响效应展开实证检验，结果表明：一是劳动力供给数量增加和制造业升级呈显著负相关；二是劳动力供给质量提高能明显促进制造业升级；三是老年抚养比、少儿抚养比及总抚养比提高均不利于制造业升级；四是劳动力成本上升已成为促进制造业升级的重要推手；五是人力资本积累和技术进步对制造业升级均有明显的促进作用。但在不同地区、不同时期，这些影响效应又存在明显的地区差异和时期差异，甚至效用完全相反。这也为探讨如何推进制造业转型升级提供了强有力的经验支持。

5. 解决问题

基于前面的理论分析与实证检验，就如何顺沿劳动力供给变化，顺势推进制造业转型升级与结构优化，提出了问题的解决方案。主要包括两个方面：一是既要多模式、多途径加快培养高技术技能人才，大幅提高劳动生产效率，又要强力推进高等教育体制改革和人才培养模式创新，加快培养高层次创新型人才，全面提高人力资本水平与技术创新能力，加快从开发数量型人口红利向质量型人才红利转变，基于技术技能双提升推动制造业转型升级。二是要顺沿劳动力供给不可逆变化新趋势，通过政策强力推进制造业向和劳动力供给动态变化相协调的高端升级，如通过政策引导、促推低端制造业升级、中端制造业做大做强及国际化发展和高端制造业快速发展，实施有保有压的差别化产业政策推进制造业升级，实施有扶有控的差别化区域政策促进制造业结构优化等。

二、研究方法

1. 调研与统计

调研与统计主要包括以下两个方面：一是实地走访与调研。对东部（广东、浙江、山东）、中部（湖南、湖北、江西）、西部（陕西、重庆）8 个省（市）119 家代表性制造业骨干企业进行调研，其中包括对广汽丰田、广东金东海、三河智能、中联重科、南车时代等 17 家制造业企业进行走访与实地调查，获得了丰富的有关制造业企业招工、员工薪酬待遇、员工学历及职称、制造业企业主营业务收入、技术水平等方面的第一手数据资料。二是数据统计归类与分析。通过收集、获取、整理与测算，获得了全国及分省（市）劳动力供给数量、质量、成本和制造业细分行业发展、研发及相关数据资料。

2. 模型计量分析

模型计量分析具体包括以下三个方面的内容：一是以我国 1992~2013 年省级面板数据为样本，运用系统广义矩估计，从劳动力供给数量、质量与结构的综合视角，探讨了劳动力供给变化对制造业结构优化的影响效应。二是运用 1995~2014 年我国新生代劳动力供给和制造业细分行业数据，通过构建 VAR 模型，对新生代劳动力供给变化影响制造业升级的效应进行实证检验。三是基于 2003~2012 年中国制造业细分行业面板数据，构建计量检验模型，对劳动力成本上升影响制造业结构升级的效应展开实证研究。四是基于 1990~2014 年分省份制造业细分行业面板数据，运用 FGLS 模型，对我国人力资本与技术进步影响制造业升级的效应进行了实证检验。

3. 比较分析法

比较分析法指分别将中国和发达国家（美国、日本、德国、法国、韩国）、金砖国家（俄罗斯、印度、巴西、南非）、周边国家（新加坡、越南、泰国、印度尼西亚）等国家的劳动力供给数量、质量及成本做比较，以分析中国劳动力成本优势。

第二章　文献综述

劳动力供给数量趋紧，新生代劳动者择业偏好转变，呈“去制造业化”新态势，导致我国传统制造业长期依赖的数量型人口红利日渐消减；而制造业升级速度落后于知识型劳动力占比提速，又导致招工与就业“两难”问题，质量型人口红利难以发挥。如何顺沿劳动力供给变化，顺势推进制造业升级，成为各界关注的焦点。

第一节　劳动力供给与人口红利理论

一、劳动力供给理论

1. 国外劳动力供给相关理论

劳动力供给是经济学的传统主题，包括劳动力供给数量、质量、结构与成本等多个层面[2]。和劳动力供给相关的文献，可谓源远流长，能一直追溯到 18 世纪的经济学思想。重商主义最早对劳动力供给问题进行了阐述，认为一国或地区只有通过提高工人的薪酬待遇水平才能更有效地刺激国内劳动力有效供给，更快地促进制造业企业发展，实现资本的更快积累。随后，亚当·斯密在《国富论》中提出，影响劳动力有效供给数量的核心因素是工资水平[54]。而作为亚当·斯密思想的主要继承者，李嘉图关于劳动力供给的观点则相反，他认为，劳动力有效供给数量既是影响工资水平的重要因素，又是影响劳动力供给关系的核心因素，而劳动力供求关系也会进一步影响工资待遇水平[55]。接着，作为边际效用理论创始人的 William Stanley Jevons，在其代表作——《政治经济学理论》中对劳动力供给收入的边际效用进行了阐述，认为每个劳动者都会根据效用最大化原则来决定劳动力供给时间，且均衡时劳动力供给收入的边际效用等于闲暇的边际效用[56]。

一般认为，现代劳动力供给理论始于 20 世纪 30 年代 Robbins[57]的思想，他在《收入的需求弹性》一文中提出了著名的公式：$Y=W\times L$，其中，Y 代表收入；W 代表工资水平；L 表示劳动时间。他认为工资水平是劳动时间的反函数，即劳动者的工资水平越高，则他选择劳动的时间越少。但事实上，工资水平与劳动时间的关系并没有这么简单。随后，Aghion 和 Howitt 又基于替代效应与收入效应的区分，提出了“向后”弯曲的个人劳动力供给曲线形状[58]，并且这一结论进一步被 Stigle[59]、McCall[60]、Butters[61]等通过实证检验所证实；Diamond[62]、Fabien 和 Robin[63]等则进一步验证了家庭生产技术的进步对家庭生产时间存在明显的替代效应的结论。James 则基于生命周期理论，提出了劳动力供给行为受长期因素影响的观点，并认为假如一个人的永久性收入是给定的，那么他的劳动力供给时间也是给定的，劳动并不只是为了一时的收益，而是为了整个生命周期的收入，劳动力供给时间也因此会呈倒 U 形[64]。进一步地，Wang 和 Gong 实证检验了非工资收入部分和随机工资率对劳动力供给的影响效应[65]，从而拓展了双风险模型下不确定性对劳动力供给的影响。William 和 Jonathan[66]、Barron 和 Mellow[67]构建了流动关系模型，以期对未来劳动力供给与需求情况进行预测，并分别以中国香港、德国为例，对其未来的劳动力供求状况进行了预测。

2. 关于发展中国家劳动力供给的理论

关于发展中国家劳动力供给的论述，人口学家 Lewis[68]功不可没，他在《劳动无限供给条件下的经济发展》一文中，首次提出了“二元经济”发展模式，认为发展中国家在其经济发展历程中，会经历传统农业部门总产值占比下降，而工业部门总产值占比不断上升的过程，在工业部门不断扩张的过程中，会伴随着农村剩余劳动力不断向城镇转移，而这个劳动力的转移过程，也是农村劳动边际生产率不断上升和劳动力成本不断上升的过程，这一转移过程将一直持续到农村和城镇的劳动边际生产率与工资水平相等，形成城乡一体化的社会，继而使“二元经济”特征消失，进入一元经济状态。Lewis 的劳动力供给理论，很好地阐释了发展中国家大量农村劳动力涌向城镇打工的现象。但是，劳动力供给理论关于农业生产技术不存在进步的假定明显不符合实际情况。因此，Park[69]、Liu 和 Chiu[70]先后对刘易斯模型进行了调整与修改，并形成了费景汉-拉尼斯模型，他们将农村剩余劳动力转移分成三个阶段，并认为第一阶段与刘易斯模型近同，农村拥有无限供给的劳动力；第二阶段因为农村剩余劳动力大量外出，农业部门的劳动生产效率提高，农村劳动力转移数量趋减；到了第三阶段，农村剩余劳动力已不复存在，城乡劳动者都可以按自己的边际生产率获得报酬，自此“二元经济”消失，城乡一体化社会形成。Kossek 和 Ozeki 则认为，劳动力流动在经济发展与演变过程中是一种常态，即便城镇存在失业问题，但假如城镇就业具有很强的吸引力，仍然会促使农村劳动力外出到城镇务工[71]。进一步地，Wemer 通过构建一般均衡叠代模型，探讨了巴西受教育水平对劳动力供给的影响，认为教育与培训可以让劳动者更有效率地开展工作，通过教育获得的劳动技能对促进经济中长期增长的作用更大[72]。

3. 国内学者劳动力供给相关理论

国内学者一般认为，“二元经济”的发展会经历劳动力无限供给和劳动力短缺两个阶段，其分界点就是“刘易斯拐点”。蔡昉针对 2004 年始于东南沿海地区，其后迅速蔓延至全国的“民工荒”“技工荒”“返乡潮”，首次提出了“民工荒”是我国农村剩余劳动力从无限供给走向有限剩余的一个重要衡量标准[73]，这也意味着在中国“刘易斯拐点”已经到来，劳动力成本将迅速上涨。王德文指出，在严格的计划生育政策带来的低人口增长率下，我国人口老龄化加速，劳动力供给增速放缓，而产业的快速发展与经济的较快增长对劳动力的需求却越来越多，并且使劳动力供给与需求之间的缺口不断扩大，继而引发工资大幅上涨，劳动力成本快速攀升，如果不能提供更多的劳动力或更快地提高劳动生产效率，这种增长很快就不复存在[74]。但邵晓和任保平所持观点却不同，他们通过对我国劳动力市场劳动力供给数量进行测算，认为在探讨我国劳动力供给阶段时不能简单照搬刘易斯的“二元经济”模型，要考虑我国经济发展历程的复杂性，并提出我国无限劳动力供给的时代仍没有结束的观点[75]。然而，齐明珠则运用人口预测、经济预测等多种预测方法，对 2010~2050 年我国劳动力供求情况进行预测，结果表明：我国在未来很长的时期内都将面临劳动力短缺问题[15]。

4. 劳动力供给变化影响经济增长的相关理论

当一个国家或地区的劳动力供给接近或经过“刘易斯拐点”之后，其劳动力供给就会从丰裕、廉价迅速转变为稀缺、昂贵，劳动力成本也会不断攀升[68]。丰裕而廉价的劳动力供给所带来的巨大的人口红利和大量农村剩余劳动力向城镇转移所带来的资源配置效率的大幅提高成为推动我国经济社会在过去几十年时间里持续快速发展的重要因素。尤其是劳动密集型制造业，在巨大的人口红利的强力支撑下，更是获得了前所未有的长足发展，进而驱动我国迅速成长为世界第一制造大国与第二大经济实体。

然而，随着始于 20 世纪 70 年代、严于 80 年代、全面一胎化于 90 年代，在相当长一段时期日益严格的人口与计划生育政策作用下劳动力供给数量的趋减和数量型人口红利驱动下劳动密集型制造业企业规模高速扩张对廉价劳动力需求量的极速扩大，我国的劳动力供给与需求之间的关系迅速出现逆转，由曾经的无限供给、供大于求转变为供不应求、无限需求。在大量的劳动密集型制造业企业尚未考虑对策之前，“刘易斯拐点”过早到来，劳动力成本迅速上涨，并给制造业尤其是劳动密集型制造业企业带来了巨大的负向冲击。而在这种巨大的冲击力作用下，仅少数有先见之明的企业开始用资本与技术要素替代劳动，实现了产品与企业的转型升级[76]。

二、人口红利理论

和劳动力供给密切相关的是人口红利，关于人口红利问题的研究始于“人口变化如何影响经济增长”这一命题[77]。人口红利主要是指一个国家或地区在人口结构转变过程中，适龄劳动人口增速较快、占比较大，使劳动力供给丰裕、抚养比较低、储蓄率较高，从而为经济增长带来的额外效益[2]。长期以来，多数学者主要关注人口数量的经济增长效应，并将人口增速较快、劳动力供给增多使经济增长获得的额外源泉称为人口红利、数量型人口红利或第一次人口红利[2]。第一次人口红利是 Canning[76]在研究东亚经济增长奇迹的时候提出来的概念。但是，这种数量型人口红利或第一次人口红利的利用是有期限的，效应时长一般为 50 年，如果数量型人口红利被消耗得很快，则其时效更短，当前世界许多国家第一次人口红利都面临着枯竭的危险[77, 78]。中国以及部分亚洲国家之所以能实现经济结构的转型升级与调整优化和这些国家的人口结构转型密切相关，相对合理的人口年龄结构有力地推动了这些国家或地区经济的持续增长[79]。劳动年龄人口数量与所占比重的持续增加，保证了充足的劳动力供给与较高的储蓄率，数量型人口红利是推动中国经济增长的重要因素之一[21]。然而，随着“民工荒”愈演愈烈，劳动力成本不断提高，我国数量型人口红利逐步衰竭，这给劳动密集型制造业带来了巨大的负向冲击，在短期内将对经济增长造成一定的负面影响[80, 81]。

随着新经济增长理论的提出与发展，劳动者受教育程度、人力资本积累，或者说劳动力质量及人口结构转变的经济增长效应备受关注与重视，学者们将劳动力受教育程度等称为人才红利、人力资本红利、质量型人口红利、第二次人口红利或人口结构红利的经济增长效应[82, 83]。有的学者认为，人口老龄化导致的劳动年龄人口数量和人口结构变动不一定会导致经济衰退，第二次人口红利可以通过收获人力资源红利、储蓄红利、制度创新红利的途径来促进经济持续增长与增长方式的转变[84]。各主要发达国家经济发展经验表明，人口红利在出现的初期，主要表现为由廉价的劳动力供给数量的迅速增长促进的经济增长，即数量型人口红利；而随着人口结构的转变，劳动者收入水平的提高和人均受教育年限的延长，数量型人口红利日渐消退，而随着人力资本的不断积累，质量型人口红利开始出现，且在经济增长期间推动作用不断加强，并在人口红利的中后期发挥主导作用[85, 86]。数量型人口红利得以充分发挥的关键在于劳动者的充分就业；而质量型人口红利经济得以充分发挥的关键则在于人力资本的快速积累及技术创新能力的增强。而从中长期来看，质量型人口红利如果能得到有效发挥，其经济增长效应将更持久、更强劲[87]。在过去的 30 年里，中国的出生率不断下降而劳动年龄段人口占比不断上升，为经济发展带来了数量型人口红利。随着我国人口老龄化程度的加深，中国数量型人口红利必然呈下降趋势或消失。但由于教育投入的不断增加，中国正在获得大规模的人力资本红利，这将替代数量型人口红利推动整个中国经济长期持续高速增长[88]。质量型人口红利得以开发的关键和促进经济增长的根本机制在于一个国家或地区的人才开发程度和人力资本积累速度，一个国家或地区的人才开发得越全面，人力资本积累越快，则质量型人口红利的经济增长贡献率也越大[89]。质量型人口红利的出现会伴随着短期内储蓄率的上升和消费水平的下降，但在长期内，随着资本积累的增加以及经济的增长，消费者人均收入会以更快的速度增长，最终促进消费水平的提升。此外，质量型人口红利会通过改变消费结构，推动产业结构优化升级，进而促进经济可持续增长[90]。

第二节 劳动力供给变化对产业升级的影响

一、劳动力供给变化影响产业升级的理论研究

劳动力是最核心的生产三要素之一，劳动力供给与产业产出及经济增长有着最直接、最密切的内在联系。有关劳动力供给数量、质量、结构与成本变化和产业发展及经济增长之间的内在联系、作用机理及影响效应，也一直是经济社会各界研究的主要话题之一。

早在 1776 年亚当 · 斯密就指出，劳动力数量是决定产业产出水平的核心因素。Lewis 最早探讨了劳动力成本变化对产业发展的影响。他认为高劳动力成本是工业发达国家将劳动密集型产业转移到低劳动力成本国家，并反向进口该类产品的主要原因[91]。Romer 将人力资本作为独立内生变量构建了新增长模型，认为

劳动力素质和人力资本是推动经济增长最重要的因素[92]。Banister 和 Cook 进一步指出，劳动力结构和质量层次只有和产业及技术结构相协调，才能更好地推进产业升级与经济增长[93]。近年来，新结构主义者又认为，产业结构能否实现优化在很大程度上取决于要素禀赋结构及要素相对价格，只有在弹性的劳动力市场中，要素禀赋结构变化才可能会推动一国或地区产业的升级[94, 95]。

近年来，随着我国人口结构的转变和人口老龄化的加速，一直被认为是取之不尽、用之不竭、无限供给的劳动力发生了很大的变化，尤其是随着 2004 年左右在东南沿海出现的“民工荒”“技工荒”现象，以及在其后迅速蔓延至全国带来的系列复杂问题，国内学者开始聚焦于开展对劳动力供给影响产业尤其是制造业发展话题的相关研究。国内多数学者认为，我国制造业劳动力成本正在加速上涨，这将导致长期依赖廉价劳动力的传统制造业的发展优势不复存在[96, 97]。张车伟和向晶则强调，随着高等教育大众化，新生代整体素质与择业行为正发生根本性转变，就业呈“去制造业化”新态势[98]。而劳动力供给变化更根本性的影响是导致劳动力成本上升已成加速态势，劳动要素驱动型增长不再能保持制造业竞争力[99]。新的经济增长源泉将越来越取决于人力资本积累及技术创新能力[100]。而罗来军等[96]、王健和李佳[83]、李中建和刘翠霞[101]则指出，劳动者收入水平的提高，在降低劳动密集型产业竞争力的同时，也有利于提高劳动者受教育水平和素质，进而促进产业结构优化。

二、劳动力供给变化影响产业升级的实证检验

在开展相关理论研究的同时，国内外越来越多的学者开始通过模型构建，实证检验劳动力供给对产业发展与经济增长的影响效应。国外学者 van Ark 和 Monnikhof 运用相关数据实证检验劳动力成本对产业升级的影响效应，结果表明：低劳动力成本是受资国吸引 FDI（foreign direct investment，外商直接投资）的重要因素，劳动力数量和 FDI 显著正相关，而劳动力成本和 FDI 显著负相关，一旦受资国劳动力供给减少、成本上升，FDI 和产业都将发生转移，这将倒逼受资国产业升级[102]。Farrell 和 Grant 的检验结论显示，一国的劳动力供给数量和产业综合国际竞争力显著正相关，但和技术进步及产业结构升级显著负相关[103]。Banister 和 Cook 的实证结果则表明，一旦受资国劳动力供给减少、劳动力成本上升，FDI 及劳动密集型制造业都将向低成本劳动力国家或地区转移，而这又将成为倒逼受资国产业升级的重要因素[93]。还有检验结果表明，较低的劳动力成本往往对应较低的劳动生产率，反之则反，因此低劳动力成本并不能形成竞争优势；相反，高

劳动力成本更容易促进产业升级[95]。但 Lloyd 和 Payne 认为，劳动力成本优势在我国中部部分地区及西部大部分地区依然存在，这种优势有利于拉动东部沿海地区产业转移与升级[104]。

近年来，国内也有越来越多的学者开始对劳动力供给影响产业发展与经济增长的效应进行实证检验。都阳通过实证检验，认为劳动力供给数量减少、成本上涨对制造业经济增长的负向影响很大，系数高达 0.75~0.78[105]；王炜和孙蚌珠实证检验劳动力供给数量对劳动密集型制造业经济增长的影响效应，认为劳动力供给数量对劳动密集型制造业增长的影响正逐年下降，现仅为 0.16%，远低于劳动生产率和资本投入分别对产业增长 3.86%与 3.5%的贡献率[106]；刘渝琳等则通过广义矩估计检验，论证了资本对技能型劳动力的互补效应和对低素质劳动力的替代效应，并认为要通过协调劳动力供给结构和制造业产业结构来推动制造业升级[107]；而任栋和李新运则基于我国 30 个省级面板数据，运用 OLS（ordinary least squares，普通最小二乘法）检验了劳动力年龄结构变化对产业升级的影响，结果表明：产业升级速度和劳动者平均年龄呈负相关关系，且劳动力年龄结构对中西部地区产业升级的影响效应更明显[108]；韩民春和李根生运用 2000~2012 年中国 37 个大中城市的数据做实证检验，结果表明：工资上涨对制造业升级的正向影响效应不大，但对服务业发展具有明显的“挤入效应”，这意味着劳动力成本上升有利于通过倒逼机制推进产业结构升级[109]；茅锐和徐建炜的实证则支持性别与受教育水平在较大程度上影响产业升级的结论[110]。

第三节 劳动力成本变化对产业升级的影响

一、国外劳动力成本变化影响产业升级的相关研究

关于劳动力成本和产业升级二者之间的内在关系与作用机理，古典经济学家们早就对其进行了探讨，但一直到 20 世纪三四十年代产业结构理论形成之后，经济学界才真正开始研究劳动力成本对产业升级的作用机制与影响效应。

早在 1672 年，William Petty 就指出，由于不同产业部门之间存在劳动生产效率的差异，劳动力成本（即工资水平）也各不一样，这就引起劳动者流向劳动生产效率高、工资水平高的产业部门，并使其获得更多的劳动力资源，获得更快发

展，从而优化了产业结构。亚当·斯密在1776年则进一步指出，随着劳动者收入水平的提高，其劳动生产效率也会随之上升，进而促进产业结构的优化。1932年，Hicks在《工资理论》一书中，对劳动力成本上升，即工资上涨对产业结构升级的影响做了更深入的探讨，并认为劳动力成本上升会通过促进资本、技术等高级生产要素替代与挤占劳动要素，使高端产业占比不断上升，而低端产业不断萎缩，进而作用于产业结构优化与转型升级。第二次世界大战后，随着美国、德国、英国、法国等西方发达国家工业化的迅速推进，快速发展的工业化对劳动力的需求规模越来越大，但与此同时，这些国家的人口老龄化也如影随形，劳动力供给青黄不接，劳动力成本普遍上涨，并对其产业发展与转型升级带来了巨大的影响。在这种情况下，劳动力成本变动对产业升级的影响也成为各界关注的焦点。Solow通过构建包含劳动与技术的著名的索洛增长模型（Solow growth model，SGM）对劳动、资本与技术变化影响产业发展的效应进行了实证检验。结果发现，劳动力成本上升可以通过加速资本与设备的折旧，促进技术等高级生产要素对劳动要素的替代，进而推动产业升级[111]。Kennedy通过进一步的实证检验也论证了Solow的观点，认为劳动力成本上升有利于促进产业结构优化[112]。而作为发展经济学的领军人物，Lewis不仅提出了劳动力供给的“刘易斯拐点”和“二元经济”发展的两阶段说，还最早基于劳动力成本视角，探讨了一个国家或地区的产业转移与升级机制问题，并认为发达国家在其工业化中后期，会因为劳动力供给下降，需求上升，劳动力成本不断攀升，从而将劳动密集型产业向劳动力供给丰裕而成本较低的发展中国家转移，并从发展中国家反向进口劳动密集型产品，以促进本国产业转型升级[91]。Kuzhets[113]、Romer[92]则强调，随着劳动力成本的不断上涨，企业会加大R&D（research and development，研究与开发）投入，强化技术创新，用技术要素替换高成本的劳动要素，进而推动产业升级。一些学者的实证结论也说明，东道国吸引FDI的重要因素之一便是其低劳动力成本优势，随着东道国劳动力供给数量的下降和工资水平的上涨，其低劳动力成本优势不断减弱，劳动密集型产业也将随之往外转移，并可能带动当地产业的转型升级，这就是劳动力成本上升对产业升级的“倒逼机制”[69, 114]。接着，van Zandweghe又指出，进入21世纪以来，随着中国人口老龄化的加速，劳动力成本正迅速上涨，正面临着类似于20世纪90年代初的日本当时经济发展面临的挑战，即在传统数量型人口红利消失的情况下，政府没有合理保护不再具有比较优势的产业，使全要素生产率不断下降，导致日本最终出现了20多年的经济增长停滞期[115]。在当前中国工资快速增长，传统低劳动力成本优势消退的情况下，如果不能通过政策促推制造业转型升级与结构优化，印度尼西亚、越南等低劳动力成本国家将可能取代中国，成为全球新的制造中心[116]。然而，Toossi通过对中国分省份、分地区的单位劳动力成本（unit labor cost，ULC）进行测评，认为中国西部地区依然拥有一定的劳动力成本优势[117]。近年来，新结构主义者也加强了对劳动力成本与产业升级问题的探讨，认为要素禀赋结构及要素相对成本是决定产业升级方向的关键因素，在弹性的劳动力市场中，只有高级生产要素不断替换与挤占低级生产要素，才可能驱动一国或地区产业不断从低端向高端演化、升级[15, 118]。

二、国内劳动力成本变化影响产业升级的相关研究

近年来，随着我国人口结构的转变与人口老龄化的加速，劳动力供给数量不断缩减，劳动力成本不断攀升，并对产业发展与转型升级带来了系列影响。尤其是自 2004 年左右开始，源于东南沿海，继而蔓延至全国的“民工荒”“技工荒”，更是引起了社会各界的广泛关注。

国内学者中，蔡昉、都阳等较早关注劳动力供给、劳动力转移与劳动力成本等问题及其对产业发展与经济增长的影响。蔡昉早在 1988 年就对我国农业劳动力转移的合理性与必要性进行了探讨，并认为农业劳动力收入的增加有利于提高农业劳动生产效率，有利于促进农业生产方式转变[119]。接着，蔡昉对我国人口结构转变下的劳动力短缺趋势进行了判定，并认为 2004 年东南沿海出现的“民工荒”是我国“刘易斯拐点”开始出现的标志，随后民工工资将加速上涨，并对劳动密集型制造业造成巨大的冲击[73]。近年来，蔡昉进一步指出，自“民工荒”“技工荒”出现以来，我国劳动力供求关系已经发生了根本性逆转，即从原来的供过于求转变为供不应求，2002~2010 年我国劳动力需求年平均增长率为 2.6%，而供给年平均增长率仅为 1.1%[120]。在劳动力供求关系逆转情况下，劳动力成本开始急剧上涨，并极大地压缩了中低端制造业的发展与利润空间。劳动力成本每上涨 1%，中低端制造业企业利润水平将下降 1%~3.25%[121]。从现有文献来看，多数学者认为，人口结构转变与人口老龄化加速背景下，我国劳动力供给数量下降，劳动力成本上升已是既定的事实，“刘易斯拐点”已经出现，数量型人口红利不复存在[122, 123]。当然，也有少数学者认为，我国仍然拥有一定的劳动力成本优势，尤其是中西部地区，劳动力供给仍然相当丰富，并据此判定“刘易斯拐点”尚未出现[124]。但《2012 年国民经济和社会发展统计公报》和《中国与世界经济发展报告（2013）》的统计数据都表明，我国劳动力供给绝对数量于 2012 年第一次出现下降且这种下降趋势将在相当长的时期里成为一种常态[125]。制造业员工工资上涨，劳动力成本上升将成为一种常态。而不断上涨的劳动力成本在削弱劳动密集型产业竞争优势的同时，也会通过提高消费与市场需求水平、储蓄率、教育投入、人力资本和技术水平等，促进产业由低端向高端不断演进[126, 127]。而劳动

力供求关系逆转，劳动力供给由“无限”变为“有限”，劳动力资源从丰裕而廉价变成稀缺而昂贵，对我国产业发展与经济增长将带来更根本性的影响：原有低成本劳动力投入驱动的经济增长方式不可持续，劳动力素质、人力资本积累与技术进步日益成为全要素生产率的主要来源，成为驱动产业发展与转型升级的关键要素[128，129]。李文溥和陈贵富则基于收入机制与成本倒逼机制，进一步实证检验了我国在岗职工平均工资收入水平对产业升级的影响效应，发现劳动力成本上涨不但能显著抑制第一产业发展，而且能明显促进第二、三产业占比上升，即有利于产业升级[130]。刘丽和任保平的实证结果也表明，我国的劳动力成本与产业升级二者之间呈显著正相关关系，低劳动力成本不利于技术创新，也不利于产业升级[131]。罗来军等也指出，我国长期的低工资水平与低劳动力成本不利于人力资本积累、技术进步与产业升级[96]。原小能和唐成伟指出，劳动密集型产业或生产环节具有更高的劳动力成本敏感度，劳动力成本上涨会促使这些产业向成本更低的国家或地区转移，并促使企业用资本与技术不断取代劳动，从而有利于产业升级[132]。

第四节　文 献 评 价

综合来看，国内外现有文献主要对劳动力、劳动力供给、人口红利、人口老龄化等相关领域进行了研究，从理论与实证两个方面对劳动力供给数量、质量、结构、成本等对产业发展和经济增长的影响开展了相关研究。一般认为，劳动力数量、质量与成本是影响产业发展与经济增长的核心因素；数量众多、成本低廉的劳动力供给是发展中国家吸引 FDI，促进国内经济较快增长的重要因素，一旦发展中国家劳动力优势不复存在，人口红利消失，资本将从这些国家外流到劳动力成本更低廉的国家。多数学者认为，廉价的劳动力供给对于经济增长或产业发展有明显的助推作用，但并不一定有利于产业升级；有的学者认为，低劳动力成本会阻碍技术进步，进而不利于产业升级；而另一些学者认为，在一个国家或地区经济发展过程中不可避免的人口老龄化过程，通常会伴随着劳动力数量的下降和劳动力成本的上升，数量型人口红利因此会逐渐消减，依靠劳动力数量支撑的经济增长模式不可持续，发展中国家如果不能凭借教育与科技实现产业转型升级和经济增长方式转变，很有可能面临传统的低成本劳动力优势消失，而新的技术竞争优势难以形成的两难困境，陷入长期的经济增长停滞期，即中等收入陷阱。针对劳动力供给影响我国制造业升级的相关研究，多数学者认为，我国曾长期存在劳动力的无限供给状态，丰廉的劳动力曾长期支撑我国制造业持续、快速发展，但近年来随着“刘易斯拐点”的到来，我国劳动力供给持续、快速减少，劳动力供给与需求关系逆转，人口红利消减，制造业原有发展模式已不可持续，急需实现转型升级，创造新经济增长点。

虽然当前国内外学者对劳动力供给和产业发展与转型升级做了大量富有成效的研究，但总体而言，结合我国阶段性人口、计划生育、教育与经济政策导致的劳动力供给数量、质量与择业行为的代际差异，对劳动力供给数量、质量、结构与成本影响制造业发展与转型升级的机理及效应展开研究的相关文献尚不多见；而基于制造业细分行业、细分地区数据，探讨劳动力供给数量、质量、结构与成本影响制造业转型升级与结构优化的文献更在少数；分析和区域劳动力供给动态变化相吻合的制造业升级路径的文献则少之又少；探讨“80后”“90后”新生代劳动力供给对制造业升级的影响的文献更是凤毛麟角。

鉴于此，我们将运用历年我国全国及分省（市）劳动力供给和制造业及其细分行业相关数据，一是从理论上探讨劳动力供给数量、质量、结构、成本等因素和制造业转型升级之间的内在联系与作用机理；二是实证检验劳动力供给数量、质量、结构、成本等因素对制造业转型升级与结构优化的影响效应；三是从理论与实证两个层面探讨新生代劳动力供给数量与质量对制造业升级的影响；四是基于劳动力供给变化的视角，从理论上探讨并通过实证检验人力资本与技术进步对制造业升级的影响；五是基于相关的理论与实证研究结论，就如何顺沿新时期劳动力尤其是新生代劳动力供给新变化，基于人力资本更快积累、技术技能水平更快提高，创新与政策联合驱动制造业向和劳动力供给动态变化相协调的高端升级，以创造制造业技术竞争新优势、经济增长新模式，跨越中等收入陷阱，稳步进入发达国家行列，提供经验数据、理论与实证支持及政策依据。

第三章 劳动力供给和制造业升级的现状与问题

在人口结构转变和人口老龄化加速背景下，我国劳动力供给正发生前所未有的重大变化，突出表现如下：一是人口老龄化加速背景下劳动力供给数量趋紧，低端劳动力供给曲线长期向下且成本迅速上升，数量型人口红利消退，制造业原有比较优势消减；二是高等教育大众化背景下劳动者受教育程度提高，知识型劳动力占比提速，中高端劳动力供给曲线长期向上且成本相对较低，质量型人口红利日渐凸显，但当前教育体制和人才培养模式下创新型人才仍然短缺，制造业新的竞争优势难以形成；三是家庭结构转变背景下，新生代劳动力择业观念与就业行为转变，呈现出明显的“去制造业化”新态势。因此，在劳动力供给发生深刻变化的新条件下，我国制造业发展既面临前所未有的困难与挑战，又面临着重大的战略机遇。如何因势利导，顺沿劳动力供给动态变化，顺势推进制造业转型升级，从根本上夯实经济健康、稳定、可持续增长的基础，显得极为重要与紧迫。

第一节 人口结构转变视角下的劳动力供给变化

一、人口老龄化加速背景下数量型人口红利消退

1949 年后，我国人口与计划生育政策，根据不同时期人口、经济与社会发展的阶段性特征，进行了几次重大调整，突出表现为始于 20 世纪 70 年代、严于 80 年代、全面“一胎化”于 90 年代，总体越来越严的人口与计生政策，对我国人口

年龄结构与劳动力供给带来了深远影响，见表 3-1。

表 3-1　1953~2014 年中国主要年份分年龄段人口数、比重和老年抚养比

年份	总人口数/亿人	0~14 岁		15~64 岁		65 岁及以上		老年抚养比
		人口数/亿人	比重	人口数/亿人	比重	人口数/亿人	比重	
1953	5.88	2.13	36.2%	3.49	59.4%	0.26	4.4%	7.4%
1964	7.05	2.87	40.7%	3.93	55.7%	0.25	3.5%	6.4%
1982	10.17	3.41	33.5%	6.25	61.5%	0.50	4.9%	8.0%
1990	11.43	3.17	27.7%	7.63	66.8%	0.64	5.6%	8.4%
2000	12.67	2.90	22.9%	8.89	70.2%	0.88	7.0%	9.9%
2010	13.41	2.23	16.6%	9.99	74.5%	1.19	8.9%	11.9%
2013	13.61	2.23	16.4%	10.06	73.9%	1.32	9.7%	13.1%
2014	13.68	2.26	16.5%	10.04	73.4%	1.38	10.1%	13.7%

资料来源：历年《中国人口和就业统计年鉴》

（一）人口与计划生育政策变化引致人口老龄化加速，削弱人口红利

（1）计划生育政策变化导致人口年龄结构转变，人口老龄化加速。1949 年以来，我国政府根据不同时期人口结构、劳动力供给、经济发展、自然资源、生态环境、能源消耗等各种因素的影响，对人口与计划生育政策进行了系列重大调整，突出表现为，从 1949 年初期的鼓励生育，到 20 世纪 70 年代的限制生育，到 80 年代的鼓励只生一个小孩，再到 90 年代严格的“一胎化”政策，再到 2013 年左右开始的逐步放开计划生育。从表 3-1 可以看出，不同的人口与计划生育政策，对人口年龄结构和劳动力供给的影响巨大。具体表现如下：一是 20 世纪 50~60 年代鼓励或宽松生育政策下出现了“婴儿潮”，0~14 岁的人口在 1953 年和 1964 年比重分别高达 36.2%、40.7%，是典型的“少年中国”。二是 20 世纪 70 年代尤其是 80~90 年代严格的计划生育政策，导致该时期人口出生率急剧下降，0~14 岁人口数比重依次下降到了 1982 年、1990 年的 33.5%、27.7%，且该比重一直下降到 2013 年的 16.4%。与此同时，50 后~70 后依次成为劳动力主体，15~64 岁适龄劳动人口无论是数量还是占比都迅速提高，且以青壮年为主，成为典型的“壮年中国”。三是自 2013 年逐步放宽计划生育政策以来，2014 年人口出生率略有提升。但受生育观念、教育水平等影响，回升幅度较小。四是近年来人口老龄化加速。2014 年 65 岁及以上人口数及比重分别高达 1.38 亿人、占比 10.1%，分别比 2010 年高出 1 900 万人、1.2 个百分点，分别是 1953 年的 5.3 倍、2.3 倍，且正以年均新增 600 万人的速度老化。更严重的是，在未来 50 年的时期内，65 岁及以上人口数及比重将一直呈上升趋势，将于2060 年达到 4.5 亿人与占比 29.9%的峰值[133]。

中国未富先老，从此跑步进入“银发中国”。

（2）人口老龄化加速背景下老年抚养比上升，削弱人口红利。表 3-1 数据显示，随着我国人口老龄化的加速，老年抚养比也迅速攀升，从 1964 年的 6.4%增加到了 2014 年的 13.7%，且将在未来相当长的时期内呈加速态势。根据郑伟等的测算结果，在其设计的低、中、高三种生育率方案下，我国老年抚养比将分别于 2088 年、2060 年、2064 年达到 80.71%、54.00%、44.76%的峰值，且其后仍将稳定在一个很高的水平[133]。跑步前进的中国人口老龄化和急剧上升、居高不下的老年抚养比，不但严重地削弱了人口红利，而且将成为巨大的人口负债。

（二）劳动力成本上升，数量型人口红利消退，“招工难”问题凸显

在我国人口年龄结构转变，人口老龄化加速，劳动力供给数量长期趋减的新条件下，我国经济社会的持续、快速发展，尤其是劳动密集型产业规模的迅速扩张带来的劳动力需求急剧攀升，劳动力供求关系从以往的供过于求逆转为供不应求，并且供求缺口正变得越来越大，“民工荒”“技工荒”愈演愈烈，制造业从业人员员工工资迅速上涨，劳动力成本也加速上升，而由于东、中、西部地区劳动力供求关系差异较大，劳动力成本地区差异也很明显，见表 3-2。

表 3-2　2005 年与 2013 年全国及分地区劳动力数量和劳动力成本

地区	2005 年		2013 年		地区	2005 年		2013 年	
	劳动力数量/万人	劳动力成本/元	劳动力数量/万人	劳动力成本/元		劳动力数量/万人	劳动力成本/元	劳动力数量/万人	劳动力成本/元
全国	94 197	18 364	100 570	51 483	河南	6 618	14 282	6 645	38 301
东部	37 317	22 258	42 790	58 752	安徽	4 085	15 334	4 299	47 806
中部	29 620	14 737	31 333	43 157	湖北	4 104	14 419	4 375	43 899
西部	24 563	17 077	26 445	48 240	湖南	4 497	15 659	4 780	42 726
北京	1 212	34 191	1 731	93 006	江西	2 863	13 688	3 237	42 473
上海	1 404	34 345	1 940	90 908	内蒙古	1 788	15 985	1 949	50 723
天津	809	25 271	1 143	67 773	甘肃	1 798	14 939	1 924	42 833
辽宁	3 204	17 331	3 498	45 505	青海	379	19 084	423	51 393
河北	5 075	14 707	5 377	41 501	宁夏	405	17 211	477	50 476
山东	6 849	16 614	7 187	46 998	陕西	2 669	14 796	2 837	47 446
江苏	5 496	20 957	5 932	57 177	四川	5 516	15 826	5 754	47 965
浙江	3 598	25 896	4 353	56 571	重庆	1 911	16 630	2 122	50 006
福建	2 570	17 146	2 841	48 538	贵州	2 365	14 344	2 413	47 364
广东	6 540	23 959	8 130	53 318	云南	3 039	16 140	3 386	42 447

续表

地区	2005 年		2013 年		地区	2005 年		2013 年	
	劳动力数量/万人	劳动力成本/元	劳动力数量/万人	劳动力成本/元		劳动力数量/万人	劳动力成本/元	劳动力数量/万人	劳动力成本/元
海南	561	14 417	657	44 971	西藏	184	28 950	224	57 773
黑龙江	2 961	14 458	3 045	40 794	广西	3 105	15 461	3 281	41 391
吉林	2 112	14 409	2 171	42 846	新疆	1 404	15 558	1 655	49 064
山西	2 379	15 645	2 781	46 407					

注：劳动力数量用 15~64 岁人口数代替；劳动力成本用城镇单位就业人员年平均工资代替。东、中、西部地区划分根据国家统计局标准。表中未包括港澳台地区

资料来源：2006 年、2014 年《中国统计年鉴》和《中国人口和就业统计年鉴》

（1）劳动力数量趋减，劳动力成本上升，数量型人口红利消退。一方面，我国劳动力数量将在未来相当长的时期内呈持续下降趋势。从表 3-2 可以看出，2005~2013 年短短 9 年时间，我国无论是全国整体与东、中、西部地区，还是全国各省（区、市），劳动力数量增速都开始下降。尤为重要的是，2013 年出现了劳动力数量由正转负的拐点，15~64 岁适龄劳动人口数在相当长时期里第一次出现负增长，且在将来相当长的时期里，这种负增长状态将成为一种常态。而根据郑伟等基于分要素预测法及人均 GDP 分解法的预测，在高、中、低三种生育率方案下，中国的劳动力数量将从 2013 年的 10.06 亿人一直分别降到 2089 年的 8.92 亿人、8.31 亿人、7.03 亿人[133]；2089 年之后，劳动力数量虽然可能会有所回升，但上升速度非常慢。另一方面，制造业尤其是劳动密集型制造业的大规模扩张对劳动力的需求量越来越大，劳动力成本迅速攀升。改革开放以来，我国制造业尤其是劳动密集型制造业企业获得了持续、快速发展，并迅速成长为全球第一制造大国和第一货物出口大国。近年来，随着国内劳动力成本的不断上涨，制造业利润率一降再降，为维持原有利润额，国内制造业尤其是劳动密集型制造业企业大多只能依靠规模扩张来实现目标，使得劳动力特别是低端劳动力的需求量大幅增加，导致劳动力供给和需求之间的缺口越来越大，并引发了日益严重的“民工荒”、“技工荒”与“招工难”问题，劳动力成本也随之猛涨。从表 3-2 可以看出，无论是全国，还是东、中、西部地区，2013 年劳动力成本较 2005 年都有很大的增长幅度。2013 年全国和东、中、西部地区劳动力成本分别达到 51 483 元、58 752 元、43 157 元、48 240 元，增长幅度约是 2005 年全国和东、中、西部地区劳动力成本（18 364 元、22 258 元、14 737 元、17 077 元）的 3 倍。

（2）区域劳动力数量与成本差异较大，“民工荒”、“技工荒”与“就业难”、“三留守”问题同在。从表 3-2 可以看出，一是区域劳动力数量差异巨大。2013 年全国劳动力数量少于 1 000 万人的有 4 个省（区），分别为西藏、青海、宁夏、

海南，劳动力数量分别只有 224 万人、423 万人、477 万人、657 万人；而劳动力数量超过 5 000 万人的人口大省也只有 6 个省，分别为广东、山东、河南、江苏、四川、河北，劳动力数量分别高达 8 130 万人、7 187 万人、6 645 万人、5 932 万人、5 754 万人、5 377 万人；排名前 6 位劳动力大省总劳动力供给数量高达 3.9 亿人，是排名后 6 位省（区）劳动力数量的 7 倍之多。二是各地区工资水平参差不齐，劳动力成本区域差异大。总体而言，东南沿海发达地区劳动力成本最高，西部次之，中部最低。2013 年全国和东、中、西部地区劳动力成本，即就业人员平均工资依次分别为 51 483 元、58 752 元、43 157 元、48 240 元，东部地区分别比中、西部地区高出 15 595 元、10 512 元。而全国劳动力成本最高的北京、上海工资水平分别高达 93 006 元、90 908 元，是中部地区 43 157 元的 2 倍多，接近全国平均水平的 2 倍。三是东南沿海发达地区经济增长速度快，劳动力供给与需求之间的缺口大，工资水平高；而中西部部分人口大省、劳动力供给大省，如河南、湖南、湖北、江西、四川等，本身对劳动力的需求量不及供给，导致劳动力需求与供给之间存在较大缺口，工资待遇相对较低，缺乏对劳动力的吸附能力，从而带来了低工资劳动力大省适龄劳动人口大规模、候鸟式往东南沿海务工，继而带来了内陆严重的“就业难”和“三留守”问题。

（3）劳动力技术技能水平不高进一步削弱数量型人口红利。美国、德国、日本等工业发达国家的经验表明，高技术技能人才是提高劳动生产效率和全要素生产率，促进制造业转型升级的关键因素。但长期以来，受几千年来“学而优则仕”等人生观、价值观、教育体制机制及人才培养模式影响，我国社会对技术技能工人的待遇有待进一步提升，继而导致劳动力技术技能水平低，并已经成为制约我国制造业转型升级的瓶颈因素。其主要原因包括以下几个方面：一是受官本位、学而优则仕的价值观和近年来重学历轻技能、重面子、白领胜于蓝领等传统观念影响，社会对技术技能工人的认可度不高，技术技能人才的社会地位不高，不利于高技术技能工人脱颖而出；二是长期存在重知识轻技能、重理论轻实践、重普通高等教育轻技术技能教育等观念，职业技术教育普遍存在经费投入不足、基础设施落后、师资力量薄弱、高技术技能型教师严重匮乏等问题，使技术技能人才培养总量不足且质量跟不上需求；三是企业人才观、用人观存在短视问题，企业大多重人才使用，而轻人才培养，企业“拿来主义”人才观盛行，难以形成高技术技能人才脱颖而出的氛围。因此，总体而言，我国技术技能型人才，尤其是高技术技能人才严重短缺，造成了愈演愈烈的“技工荒”，进而抑制了劳动生产率和全要素生产率的提高，进一步消减了数量型人口红利。

二、高等教育大众化背景下质量型人口红利凸显

改革开放以来，党和政府都高度重视教育事业发展，大力推进实施科教兴国战略，对教育的投入力度不断加大，教育事业尤其是高等教育取得了举世瞩目的成就，无论是高等院校数量、高校专任教师数量，还是所培养的大学生人数等都迅速增长。但与此同时，由于高端产业发展相对滞后，对高学历人才的需求量相对不足，使大学生初次就业的平均工资相对偏低。1952~2013 年中国主要年份高等教育与科技发展主要指标如表 3-3 所示。

表 3-3　1952~2013 年中国主要年份高等教育与科技发展主要指标

评价指标	1952 年	1978 年	1985 年	1990 年	2000 年	2010 年	2013 年
高等院校数量/所	201	598	1 016	1 075	1 041	2 358	2 491
高校专任教师数量/万人	2.7	13.8	34.4	39.5	46.3	134.3	149.7
高校（本、专科）学生人数/万人	19.1	85.6	170.3	206.3	556.1	2 231.8	2 468.1
研究生在校人数/万人	0.27	2.2	8.7	9.3	30.1	153.8	179.4
受高等教育人数占总劳动力比重	—	—	0.24%	0.27%	0.63%	2.23%	2.45%
人均受教育年限/年	—	—	5.18	5.86	7.41	8.85	9.05
专利申请数量/万件	—	—	3.18	4.68	9.52	74.06	122.84
发明专利申请数量/万件	—	—	0.45	0.67	0.61	7.98	14.36

资料来源：1953~2014 年《中国教育统计年鉴》、《中国人口和就业统计年鉴》和《中国统计年鉴》

三、高等教育大众化背景下质量型人口红利的特征

（1）高等教育呈大众化发展新态势，知识型劳动力占比提速。从表 3-3 可以看出，一是我国高等教育发展迅速，近年来呈大众化发展新态势。无论是相对新中国成立之初的 1952 年，还是改革开放之初的 1978 年，至 2013 年，我国高等教育各项指标都有的质的突破。2013 年我国高等教育发展各主要指标，如高等院校数量、高校专任教师数量、高校（本、专科）学生人数、研究生在校人数分别为 2 491 所、149.7 万人、2 468.1 万人、179.4 万人，分别是 1952 年 201 所、2.7 万人、19.1 万人、0.27 万人的 12 倍、55 倍、129 倍、664 倍。其中，大学生人数于 2003 年跃居世界第一位，并长期保持。二是知识型劳动力占比提速，其中受高等教育人数占总劳动力比重连年攀升，由国家统计局数据计算可知，2013 年达到 2.45%，新生代劳动力中接受高等教育人数占总劳动力比重更是于 2014 年达到了 21.78%，较 1985

年 0.24%的占比有了较大增长。

（2）产业低端化导致市场对知识型劳动力需求不足，质量型人口红利凸显。由于我国高等教育尤其是研究生教育发展迅速，所培养大学生人数急剧增长，在知识型劳动力占比提速的情况下，受科技创新能力不足等因素影响，我国高端产业尤其是高新技术产业发展非常缓慢，发展速度严重滞后于知识型劳动力增长速度，为大学生，特别是研究生提供的岗位严重不足，使产业对知识型劳动力的需求和供给之间的缺口变得越来越大，并导致了越来越严重的大学生“就业难”问题，甚至出现了“学历越高、就业越难”的怪象，大学生，尤其是硕士、博士生的薪酬待遇也严重偏低。近几年，我国大学生的初次就业率一跌再跌，2015 年仅为 71.3%，较 2011 年下降 6.5%，且大学生月平均工资仅为 3 349 元，低于蓝领平均薪酬水平[①]。这说明，当前我国知识型劳动力相对成本很低，潜在质量型人口红利巨大，如果能够合理开发与利用好第二次人口红利，将在很大程度上推动我国制造业转型升级。

四、人才知识储备与创新能力不匹配削弱了质量型人口红利

（1）教育体制机制不健全，人才培养模式不合理，知识型人才高学历低创新能力。我国的教育体制机制是在长期的计划经济体制下形成与发展的，被深深地刻下了“计划”的烙印，严重缺乏市场敏感性。具体表现如下：一是基础教育，无论是小学、初中、还是高中教育，都被绑架在备考的“战车”之上，教材、教学千篇一律，考高分、读名校成了学生和老师唯一的共同目标，为了打赢中考、高考两场战役，老师用尽了“考、考、考”这个法宝，学生则使出浑身解数，全力以赴，抓住“分、分、分”这个命根，学生成了做题的机器，成了题海战术最大的牺牲品，高分低能是当今学生最真实的写照；二是高等教育被“官本位”的管理体制和“统一框架下”的评价机制所束缚，普遍存在重科研、轻教学，重知识、轻能力，重理论、轻创新思维等问题，尤其不重视对学生技术技能水平与实践应用能力的培养，人才培养过程“千篇一律”，所培养大学生“千人一面”，大学生创新思维缺乏，创新能力不足。

（2）知识型人才创新能力不强削弱质量型人口红利。驱动产业发展、转型升级与经济持续、快速增长的原动力是人力资本积累与技术创新，因此，质量型人口红利或人才红利促进产业升级与经济增长效益的有效发挥在很大程度上取决于

① 数据来源：麦可思研究院调查编著的《2014 年中国大学生就业报告》。

技术创新水平的高低及其带来的全要素生产率的增长。只有通过有效的人才开发，实现人力资本的快速积累与技术进步，人才红利的产业升级效应才能得以显现。但由于我国大学生的高学历、低能力，学非所用及创新能力严重不足等问题，在极大程度上削弱了知识型人才对产业升级与经济增长的促进效用，并进一步降低了我国质量型人口红利的有效发挥。

第二节　人口结构转变视角下的新生代劳动力供给变化

一、新生代劳动力供给数量变化

（一）严格计划生育政策下新生代劳动力供给数量趋减

受始于 20 世纪 70 年代，严于八九十年代的人口和计划生育政策，尤其是严格的“一胎化”计划生育政策影响，“80 后”“90 后”新生代人口出生率与人口出生数和“50 后”“60 后”相比均呈明显下降趋势。1980~1999 年的平均人口出生率仅为 19.40%，比 1950~1969 年 33.75%的年平均人口出生率下降了 14.35 个百分点；“50 后”“60 后”出生人口总数高达 44 298.36 万人，而“80 后”“90 后”出生人口总数为 43 301.66 万人，较“50 后”“60 后”少了 996.70 万人[①]。这样，随着“80 后”“90 后”成为我国的主体劳动力，劳动力供给数量必将长期呈下降趋势，并将对劳动密集型制造业发展形成倒逼机制。

（二）新生代劳动力中独生子女数及占比上升

严格的计划生育政策使我国“80 后”尤其是“90 后”的新生代劳动力中，独生子女人口数及占比迅速上升。“80 后”“90 后”出生人口中，城镇人口大多为独生子女，东、中部农村地区新生代也以独生子女居多。由姚引妹等研究数据可知：2014 年我国独生子女数多达 2.25 亿人，占总人口比重为 16.5%；其中 0~14 岁少儿独生子女占 44.6%，15~39 岁青壮年独生子女占 53.8%，40 岁以下独生子女占

① 根据历年《中国人口和就业统计年鉴》和《中国统计年鉴》数据整理和计算而得。

98.4%[134]。这表明，当前独生子女以20世纪80年代以后出生人口为主。且据测算，即便是在我国逐步放开“二孩”政策的新条件下，独生子女数及其占比仍将在很长一段时期内继续上升，分别将于2030年、2050年达到26 661万人、30 322万人和18.2%、21.1%。

二、新生代劳动力供给质量变化

自改革开放以来，我国经济社会持续、快速发展，家庭收入水平迅速提高，国家大力推进科教兴国战略，高等教育呈大众化发展新态势。在这种情况下，新生代人均受教育水平和受高等教育人数占比都迅速提高，具体见表3-4。

表3-4　新生代劳动力人均受教育年限及其比较

年份	新生代劳动力人均受教育年限/年				年份	国民劳动力人均受教育年限/年			
	全国	东部	中部	西部		全国	东部	中部	西部
1995	9.51	10.32	9.15	8.34	1995	6.72	7.33	6.06	5.96
1996	9.69	10.45	9.30	8.51	1996	6.79	7.38	7.08	6.00
1997	9.91	10.68	9.63	8.70	1997	7.01	7.61	7.34	6.16
1998	10.36	11.23	10.15	8.84	1998	7.09	7.68	7.35	6.22
1999	10.58	11.42	10.34	9.06	1999	7.18	7.86	7.42	6.39
2000	10.77	11.59	10.49	9.24	2000	7.62	8.23	7.79	6.73
2001	10.97	11.71	10.60	9.39	2001	7.68	8.21	7.95	6.86
2002	11.16	11.85	10.77	9.59	2002	7.73	8.39	7.87	6.98
2003	11.36	12.07	10.90	9.87	2003	7.91	8.55	8.18	7.08
2004	11.78	12.17	11.05	10.07	2004	8.01	8.66	8.20	7.30
2005	11.94	12.27	11.14	10.27	2005	7.83	8.60	7.96	6.99
2006	12.01	12.43	11.33	10.41	2006	8.04	8.81	8.18	7.20
2007	12.07	12.64	11.51	10.58	2007	8.19	8.91	8.35	7.40
2008	12.14	12.87	11.63	10.69	2008	8.27	8.97	8.42	7.47
2009	12.20	13.03	11.76	10.77	2009	8.38	9.13	8.50	7.54
2010	12.27	13.13	11.91	10.97	2010	8.80	9.45	8.87	7.75
2011	12.33	13.23	12.00	11.10	2011	8.85	9.48	8.86	7.84
2012	12.40	13.39	12.06	11.23	2012	8.94	9.63	8.98	7.83
2013	12.47	13.54	12.09	11.32	2013	9.14	9.81	9.16	7.94
2014	12.53	13.86	12.31	11.49	2014	9.34	10.00	9.35	8.04

资料来源：1996~2015年《中国教育统计年鉴》

从表 3-4 可以看出，一是高等教育大众化背景下，近年来新生代劳动力人均受教育年限增长迅速，且平均增长幅度高于全国平均水平。2014 年全国、东部、中部、西部新生代劳动力人均受教育年限依次为 12.53 年、13.86 年、12.31 年、11.49 年，分别较 1995 年的 9.51 年、10.32 年、9.15 年、8.34 年提高了 3.02 年、3.54 年、3.16 年、3.15 年，均高于国民劳动力人均受教育年限同期提高的年限。二是新生代劳动力人均受教育年限远高于国民劳动力人均受教育年限，如 2014 年全国、东部、中部、西部新生代劳动力人均受教育年限依次为 12.53 年、13.86 年、12.31 年、11.49 年，比当年全国、东部、中部、西部全部劳动力 9.34 年、10.00 年、9.35 年、8.04 年的国民劳动力人均受教育年限，分别依次高出 3.19 年、3.86 年、2.96 年、3.45 年。三是“80 后”“90 后”新生代劳动力人均受教育年限比“50 后”“60 后”更高，如新生代劳动力人均受教育年限 2014 年为 12.53 年，比同年“50 后”“60 后”5.36 年的劳动力人均受教育年限高出 7.17 年。四是新生代劳动力中接受高等教育的人数占比高，如 2014 年新生代劳动力中受高等教育人数占比高达 21.78%，是“50 后”“60 后”（2.51%）的 8.68 倍①。而随着新生代劳动力人均受教育年限的延长和接受高等教育人口数占比的提高，我国的人力资本将得到较快积累，成为促进技术密集型制造业快速发展的原动力，并将在很大程度上影响制造业升级速度。

三、新生代劳动力择业行为转变

新生代劳动力主要是指在人口政策转变、经济与教育快速发展、收入水平较快提高的背景下，受核心家庭子女独生化、高等教育大众化、家庭负担轻量化等多重因素影响，代际差异明显的“80 后”“90 后”劳动力。新生代劳动力和 20 世纪 80 年代以前的劳动力相比，普遍存在受教育程度较高、职业期望值较高、物质与精神享受要求较高、工作耐受能力较低和个性化强等特点[135]。

（1）核心家庭结构转变导致新生代劳动力择业行为“去制造业化”。新生代中以独生子女居多，而在独生子女家庭中，独生子女往往缺少玩伴，成为家庭呵护的焦点，他们更容易出现自利、孤僻的心理，更可能缺乏团队合作、吃苦耐劳的精神。加之独生子女平均受教育程度相对偏高，在就业上更偏向于工作条件与待遇好的行业与岗位。然而，当前我国制造业在结构上仍以劳动密集型中小企业为主，在价值链上以制造与加工的生产环节为主，工作性质往往简单重复、枯燥

① 根据历年《中国人口和就业统计年鉴》和《中国统计年鉴》数据整理和计算而得。

乏味，工作条件与环境“脏、乱、差”。这和新生代尤其是独生子女的工作期望相差甚远，从而导致他们选择去制造业企业工作的越来越少，呈明显的“去制造业化”发展趋势。

（2）收入与生活水平提高使新生代劳动力择业行为“去制造业化”。改革开放以来，我国无论是城镇还是农村，居民人均收入与生活水平都提高较快，2013年城镇居民人均可支配收入和农村居民人均纯收入分别为 26 955 元、8 896 元，相对 1978 年分别增长了 79 倍、66 倍。一般情况下，人均收入越高，对工作岗位、条件、环境与待遇的期望就会越高，对子女尤其是独生子女的期望也会越高，人们会越偏好相对轻松、环境与条件较好的工作岗位。尤其是在经历了较多苦难与挫折后条件变好的家庭，大多不愿意让自己的子女从事加工制造岗位的工作。

（3）高等教育大众化促进新生代劳动力择业行为“去制造业化”。从表 3-4 可以看出，新生代劳动力人均受教育年限明显上升，受过高等教育的人数逐年增加。新生代劳动者中受过普通高等教育的人数占比高达 49.16%，接近总人数的一半。当然，随着受教育程度的提高，他们的择业行为也会发生变化，大多将职业定位于党政机关、事业单位或国有大型企业，很少考虑去一般企业尤其是小微企业工作。这也是导致制造业企业“招工难”的重要原因。

第三节　劳动力供给变化视角下的劳动力成本变化

一、劳动力供给变化引致劳动力成本变化

（一）劳动力数量供给和需求关系发生逆转

受人口与计划生育政策转变、高等教育大众化、制造业持续、快速发展等多重因素影响，我国劳动力尤其是低端劳动力数量的供给和需求关系正在发生逆转，即从改革开放后相当长一段时期里的劳动力无限供给、需求不足、供过于求、成本较低转变为“刘易斯拐点”之后的劳动力有限供给、无限需求、供不应求、成本攀升。劳动力供给数量的这一反转变化，可以用图 3-1 来表示。

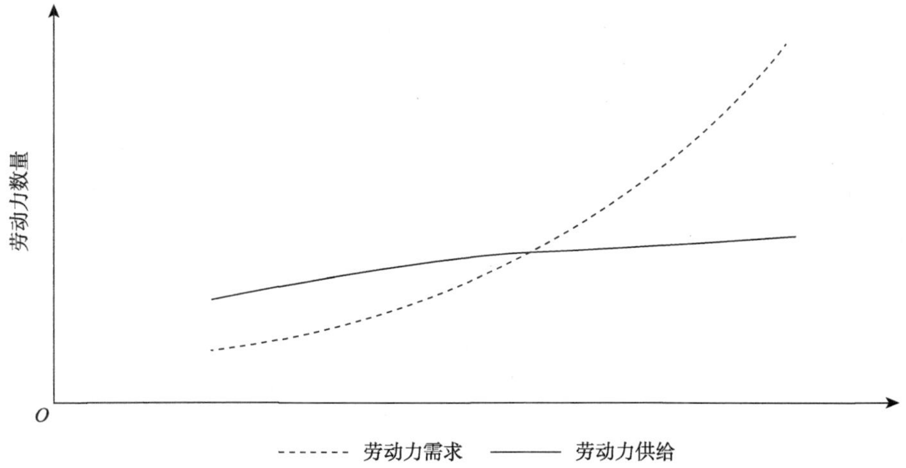

图 3-1 劳动力供给、需求及成本变化趋势

自改革开放以来，我国的劳动力数量供给和需求之间的关系大致经历了以下三个阶段。

第一阶段（改革开放之初至 1990 年）：劳动力无限供给、有限需求，供大于求。在此期间，随着改革开放的深入，大量的农村剩余劳动力从传统的农村、农业中解放、释放出来，涌向城镇尤其是东南沿海开放地区，数以亿计的农民工形成了劳动力无限供给的壮观局面[136]。但与此同时，受工业基础薄弱、FDI 及总投资规模较小等因素影响，市场对廉价劳动力的吸纳能力仍然非常有限。此时的劳动力数量供给远远大于需求，农民工一岗难求，劳动力成本极低。

第二阶段（1991 年至 2003 年）：劳动力无限供给、无限需求，供求相对均衡。在此期间，随着农村改革的继续深化、农业技术的进步和生产效率的提高，农村有更多的劳动力被释放出来，流入城镇，仍呈无限供给状态。此外，在丰富而廉价的劳动力带来的巨大利润的强力刺激下，我国制造业尤其是劳动密集型制造业企业实现了前所未有的大规模扩张，获得了超前的持续、快速发展，对劳动力尤其是低端劳动力形成了无限需求之势。这段时间劳动力成本开始缓慢上升，供给和需求基本形成了相对均衡的态势。

第三阶段（2004 年至今）：劳动力有限供给、无限需求，供不应求。受人口与计划生育政策转变影响，进入 21 世纪以后，我国“80 后”“90 后”新生代劳动力供给数量减少，而数量众多的第一代农民工又开始出现老龄化，退出劳动力市场，使劳动力供给数量增速先是急剧放缓，继而转变为长期的不可逆负增长，尤其是高等教育大众化背景下的低端劳动力供给数量，更是提前出现了负增长，并且供给数量开始加速缩减。但与此同时，在受到不断上涨的劳动力成本不断挤压利润空间的情况下，劳动密集型制造业企业非但没有通过科技进步来推进转型升级，反而试图通过进一步大规模扩张获得发展和利润，从而使得对低端劳动力的需求量进一步无限扩大，陷入“劳动力成本越高—企业利润空间越小—进一步扩张规模维持利润—进一步扩大对低端劳动力的需求量—进一步提高劳动力成本……”的恶性循环。目前，市场对劳动力尤其是低端劳动力需求旺盛，低技术制造业企业对农民工可谓“一人难求”，劳动力成本不断攀升，“招工难”“民工荒”“技工荒”愈演愈烈。

（二）劳动力供给数量变化带来的劳动力成本变化

受始于20世纪70年代，严于80年代，全面“一胎化”于90年代的人口与计划生育政策影响，近年来我国人口结构发生转变，第一个人口老龄化高峰已经到来，我国劳动力供给数量增速明显放缓，劳动力供给数量于2013年达到峰值后首次出现负增长。这意味着我国劳动力供给与需求关系已经出现反转，由原来的无限供给转变为有限供给，劳动力成本开始加速上涨[137]。近年来我国劳动力供给数量与成本的变化情况，具体见表3-5。

表3-5　近年来我国劳动力供给数量与成本变化情况

年份	劳动力供给数量		劳动力成本	
	15岁至64岁/万人	年增长率	职工人均工资/元	较上年增长/元
1995	81 393	3.52%	5 348	810
1996	82 245	1.05%	6 210	862
1997	83 448	1.46%	6 470	260
1998	84 338	1.07%	7 479	1 009
1999	85 157	0.97%	8 346	867
2000	88 910	4.41%	9 371	1 025
2001	89 849	1.06%	10 870	1 499
2002	90 302	0.50%	12 422	1 552
2003	90 976	0.75%	14 040	1 618
2004	92 184	1.33%	16 024	1 984
2005	94 197	2.18%	18 200	2 176
2006	95 068	0.92%	20 856	2 656
2007	95 833	0.80%	24 721	3 865

续表

年份	劳动力供给数量		劳动力成本	
	15 岁至 64 岁/万人	年增长率	职工人均工资/元	较上年增长/元
2008	96 680	0.88%	28 898	4 177
2009	97 484	0.83%	32 244	3 346
2010	99 938	2.52%	36 539	4 295
2011	100 283	0.35%	41 799	5 260
2012	100 403	0.12%	46 769	4 970
2013	100 569	0.16%	51 483	4 714
2014	100 469	−0.10%	56 360	4 877

资料来源：根据 1996~2015 年《中国统计年鉴》和《中国人口统计年鉴》整理而得

从表 3-5 可以看出，在 1995~2014 年的 20 年时间里，一方面，劳动力供给数量增速放缓，且首次出现，并将在相当长时期内延续不可逆负增长。劳动力供给数量，即 15 岁至 64 岁人口数的增长速度一直在不断放缓，2001 年以后明显低于 20 世纪末期，进入 2011 年以后增速趋向于 0，并且在 2014 年首次出现了负增长，2014 年劳动力供给数量绝对值比上一年减少了 100 万人。由此开始，我国劳动力供给出现了前所未有的重大变化，并且将在相当长的时期里延续不可逆的负增长。另一方面，劳动力成本在不断上涨，且提升幅度越来越大。近年来，随着劳动力供给数量增速大幅放缓并继而转为负增长和迅速扩张的劳动密集型制造业企业对劳动力的无限需求之间的矛盾日益激化，尤其是伴随着始于 2004 年东南沿海，继而迅速蔓延至全国各地，愈演愈烈的“民工荒”“技工荒”，劳动力成本，尤其是低端劳动力成本正加速攀升。从表 3-5 可以看出，自 2004 年开始，我国职工人均工资较上年的增长幅度加速上升，2014 年在职职工人均工资已达到 56 360 元，是 1995 年 5 348 元的近 11 倍。与此同时，低端劳动力成本受供求关系提前逆转影响，增长速度更快，国家统计局数据显示，我国制造业名义工资从 1995 年的 3 729 元上升到 2014 年的 53 927 元，期间增长近 13.5 倍，增速明显高于同期在职职工人均工资增长速度。

（三）劳动力供给质量变化对劳动力成本的影响

随着人口与计划生育政策、教育与经济政策的转变，尤其是高等教育大众化的快速发展，自改革开放以来，我国的人均受教育年限，劳动力供给质量发生了根本性的变化，并对劳动力成本产生了系列影响，见表 3-6。

表 3-6　劳动力供给质量与成本变化情况

年份	劳动力供给质量								劳动力成本	
	人均受教育年限/年				新生代劳动力人均受教育年限/年				职工人均工资/元	年增长率
	全国	东部	中部	西部	全国	东部	中部	西部		
1995	6.72	7.33	6.06	5.96	9.25	10.32	9.15	8.20	5 348	17.85%
1996	6.79	7.38	7.08	6.00	9.40	10.45	9.30	8.39	6 210	16.12%
1997	7.01	7.61	7.34	6.16	9.64	10.68	9.63	8.59	6 470	4.19%
1998	7.09	7.68	7.35	6.22	10.03	11.23	10.15	8.76	7 479	15.60%
1999	7.18	7.86	7.42	6.39	10.23	11.42	10.34	8.98	8 346	11.59%
2000	7.62	8.23	7.79	6.73	10.40	11.59	10.49	9.16	9 371	12.28%
2001	7.68	8.21	7.95	6.86	10.53	11.71	10.60	9.31	10 870	16.00%
2002	7.73	8.39	7.87	6.98	10.70	11.85	10.77	9.51	12 422	14.28%
2003	7.91	8.55	8.18	7.08	10.92	12.07	10.90	9.81	14 040	13.03%
2004	8.01	8.66	8.20	7.30	11.07	12.17	11.05	10.00	16 024	14.13%
2005	7.83	8.60	7.96	6.99	11.21	12.27	11.14	10.20	18 200	13.58%
2006	8.04	8.81	8.18	7.20	11.37	12.43	11.33	10.35	20 856	14.59%
2007	8.19	8.91	8.35	7.40	11.55	12.64	11.51	10.51	24 721	18.53%
2008	8.27	8.97	8.42	7.47	11.71	12.87	11.63	10.60	28 898	16.90%
2009	8.38	9.13	8.50	7.54	11.83	13.03	11.76	10.67	32 244	11.58%
2010	8.80	9.45	8.87	7.75	11.98	13.13	11.91	10.85	36 539	13.32%
2011	8.85	9.48	8.86	7.84	12.09	13.23	12.00	10.98	41 799	14.40%
2012	8.94	9.63	8.98	7.83	12.21	13.39	12.06	11.10	46 769	11.89%
2013	9.14	9.81	9.16	7.94	12.31	13.54	12.09	11.20	51 483	10.08%
2014	9.34	10.00	9.35	8.04	12.47	13.66	12.31	11.37	56 360	9.47%

资料来源：根据 1996~2015 年《中国统计年鉴》和《中国人口统计年鉴》数据整理、测算而得

从表 3-6 可以看出，1995~2014 年以人均受教育年限为表征的劳动力供给质量发生了很大的变化，突出表现如下：一是全国人均受教育年限快速增长，尤其是东、中部地区人均受教育年限更高。从全国人均情况来看，人均受教育年限从 1995 年的 6.72 年增长到了 2014 年的 9.34 年，提高了 2.62 年；东部地区人均受教育年限更是从 1995 年的 7.33 年提高到了 2014 年的 10 年；2014 年东部地区人均受教育年限比西部地区高近 2 年。二是新生代劳动力人均受教育年限远远高于全国平均水平。作为“80 后”“90 后”的新生代劳动力，受近年来高等教育大众化发展等因素影响，人均受教育年限更高，2014 年全国和东、中、西部地区新生代劳动力人均受教育年限分别达到 12.47 年、13.66 年、12.31 年、11.37 年，分别比 1995 年高出 3.22 年、3.34 年、3.16 年、3.17 年，比 2014 年全部劳动力人均受教育年限高出 3.13 年、3.66 年、2.96 年、3.33 年。

一般认为，劳动力供给质量和劳动力成本（工资水平）成正比。劳动者人均受教育年限越高，对劳动者从事生产与再生产的物化及非物化的投入就越多，劳动者对工作岗位、工资待遇、工作条件与环境等的要求也就随之越高。从表 3-6 可以看出，随着劳动力尤其是新生代劳动力人均受教育年限的不断提高，以职工人均工资水平为表征的劳动力成本也随之迅速攀升。但特别值得一提的是，我国新生代劳动力在无论是人均受教育年限还是其增长速度都远远高于全国劳动力平均水平的情况下，他们的工资水平（劳动力成本）的增长速度却远低于全国平均水平，即作为受教育水平较高的劳动者，受教育程度并没有使其得到同步同比的劳动报酬。换言之，一大批高端劳动力的相对成本却很低。

二、劳动力成本上升态势及其国际比较

（一）劳动力成本与单位劳动力成本的测算

劳动力成本通常是指用人单位根据劳动者的劳动力付出，通过各种途径支付给劳动者的工资以及工资以外的各种费用。根据国际劳工组织的界定，劳动力成本既包括了工资、薪水等以货币形式表示的成本，又包括了各种实物发放、福利等以物质或非物质形式出现的成本，甚至还涵盖了雇主所承担的房租、税收、招聘成本等[127]。在进行国际竞争优势比较计算劳动力成本时，通常还需要考虑一个国家或地区的劳动生产率及其变化[127]。

在对劳动力成本进行国际比较时，学者们往往更偏向于采用单位劳动力成本这一指标。单位劳动力成本指每增加一个单位的产值所需要支付给劳动者的全部报酬，通常用劳动报酬占单位实际增加值的比重表示[127]。实际上，一个国家或地区的劳动力成本和劳动生产效率的相对变动情况，用单位劳动力成本来衡量是最科学、最精确、最有效的，单位劳动力成本也能更加准确地反映一个国家或地区的真实劳动力成本。

单位劳动力成本的计算公式为

$$ULC=LCH/OH \qquad (3\text{-}1)$$

其中，ULC 表示单位劳动力成本；LCH 表示以本币为单位的从业人员每小时劳动力成本；OH 表示以本币为单位的从业人员每小时创造的增加值[127~138]。

van Ark 等认为，为便于进行单位劳动力成本的国际比较，可用购买力平价将单位劳动力成本公式进行如下调整[139]：

$$\mathrm{ULC}^{\mathrm{A(U)}\prime}=\frac{\mathrm{LCH}^{\mathrm{A(A)}}/\mathrm{ER}^{\mathrm{AU}}}{\mathrm{OH}^{\mathrm{A(A)}}/\mathrm{PPP}^{\mathrm{AU}}} \tag{3-2}$$

其中，$\mathrm{LCH}^{\mathrm{A(A)}}$表示 A 国以本币为单位的每小时劳动力成本；$\mathrm{ER}^{\mathrm{AU}}$表示 A 国本币与美元的名义汇率；$\mathrm{OH}^{\mathrm{A(A)}}$表示 A 国以本币为单位的从业人员每小时创造的增加值；$\mathrm{PPP}^{\mathrm{AU}}$表示 A 国本币与美元之间的购买力平价汇率；$\mathrm{ULC}^{\mathrm{A(U)}\prime}$表示通过 PPP 指数调整后的单位劳动力成本。

（二）中国与发达国家的劳动力成本及单位劳动力成本比较

21 世纪以来，在劳动力供给变化新趋势下，我国劳动力成本加速攀升，为应对过快上涨的劳动力成本对利润空间的挤占，企业开始高度重视并加大对员工技术技能的培训力度，并更大程度地提高了劳动生产率和单位产出，从而在很大程度上降低了劳动力成本上涨对利润空间的挤占，甚至还在一定时期内降低了单位劳动力成本，获得了更大的利润空间。总体而言，我国无论是劳动力成本还是单位劳动力成本和美国、德国、日本、韩国等发达国家的成本优势仍在不断缩小，具体见表 3-7。

从表 3-7 可以看出，2001~2013 年，一是中国从业人员每小时劳动力成本在加速上涨，尤其是自 2005 年开始，劳动力成本上涨的速度更快，2013 年已经达到 4.11 美元，是 2001 年 0.68 美元的 6 倍多；与此同时，中国的从业人员每小时创造的增加值也得到了前所未有的大幅提升，尤其是在 2002~2009 年的 8 年时间里，从业人员每小时创造的增加值更是迅猛增长，从 2002 年的 2.44 美元提高到了 2009 年的 10.41 美元，8 年间提高近 3.3 倍，远高于同期 1.8 倍的劳动力成本涨幅，从而使 2002 年后的六七年时间里单位劳动力成本非但没有上升，反而有所下降。二是 2001~2013 年，尽管从业人员每小时创造的增加值的提高在很大程度上降低了单位劳动力成本，但无论是劳动力成本，还是单位劳动力成本，中国和美国、德国、日本、韩国等发达国家的差距仍在不断缩小，尤其是和韩国相比，无论是经过调整还是未经调理的单位劳动力成本，中国均已无明显比较优势。但和美国、德国、日本相比，仍具有明显的单位劳动力成本优势，如 2013 年中国经过调整的单位劳动力成本仍仅约德国与日本的四分之一。三是中国的从业人员每小时创造的增加值提升空间仍然很大，获得快速提升的从业人员每小时创造的增加值到 2013 年仍分别只有美国的 17.3%、德国的 31%、日本的 17.8%与韩国的 34.9%。这表明，通过大力发展职业技术教育和政策引导企业加大对员工的技术技能培训，通过技术技能双提升来提高从业人员每小时创造的增加值，仍将是中国制造业尤其是劳动密集型制造业企业应对劳动力成本上升，获得一定的利润与发展空间的重要途径。

表 3-7　中国与发达国家的劳动力成本及单位劳动力成本比较（单位：美元/小时）

年份	中国				美国			德国				日本				韩国			
	LCH	OH	ULC	ULC′	LCH	OH	ULC	LCH	OH	ULC	ULC′	LCH	OH	ULC	ULC′	LCH	OH	ULC	ULC′
2001	0.68	2.37	0.29	0.12	26.22	37.24	0.70	25.29	24.39	1.04	0.89	22.71	31.11	0.73	0.90	9.11	11.81	0.77	0.45
2002	0.74	2.44	0.31	0.12	27.36	39.59	0.69	27.63	26.07	1.06	0.94	21.76	30.35	0.72	0.82	10.37	13.48	0.77	0.47
2003	0.79	4.58	0.17	0.07	28.55	43.33	0.66	34.03	32.32	1.05	1.10	23.70	33.47	0.71	0.85	11.44	15.05	0.76	0.51
2004	0.93	5.72	0.16	0.07	29.32	47.60	0.62	37.68	37.46	1.01	1.12	25.58	37.18	0.69	0.85	12.74	18.04	0.71	0.49
2005	0.97	5.88	0.17	0.07	30.15	51.28	0.59	38.01	38.55	0.99	1.07	25.56	36.30	0.70	0.83	15.14	21.44	0.71	0.54
2006	1.16	6.80	0.17	0.07	30.51	52.24	0.58	39.35	40.57	0.97	1.02	24.32	33.96	0.72	0.77	17.54	24.64	0.71	0.58
2007	1.43	8.89	0.16	0.08	32.09	54.48	0.59	43.44	45.02	0.97	1.10	23.96	34.92	0.69	0.70	19.59	28.76	0.68	0.56
2008	1.87	9.68	0.19	0.11	32.76	53.80	0.61	47.52	46.09	1.03	1.23	27.79	39.14	0.71	0.80	16.49	27.40	0.60	0.43
2009	2.06	10.41	0.20	0.11	34.10	58.19	0.59	45.90	39.91	1.15	1.29	30.36	41.42	0.73	0.90	14.51	24.68	0.59	0.37
2010	2.42	10.51	0.23	0.14	34.73	62.47	0.56	43.74	42.30	1.03	1.11	32.00	49.31	0.65	0.82	16.61	31.46	0.53	0.38
2011	2.89	11.12	0.26	0.16	35.66	65.44	0.55	43.92	41.59	1.06	1.12	35.27	55.38	0.64	0.87	15.87	32.80	0.49	0.33
2012	3.44	11.76	0.29	0.20	36.62	68.55	0.54	44.11	40.89	1.09	1.12	38.88	62.21	0.63	0.93	15.17	34.21	0.45	0.29
2013	4.11	12.45	0.33	0.25	37.60	71.81	0.53	44.29	40.20	1.12	1.13	42.85	69.87	0.62	0.98	14.49	35.67	0.41	0.26
AAGR	16.40%	16.63%	2.79%	8.71%	3.06%	5.67%	−2.36%	5.04%	4.65%	0.80%	2.30%	5.63%	7.24%	−1.29%	1.08%	4.60%	10.15%	−5.02%	−4.04%

注：LCH表示以本币为单位的从业人员每小时劳动力成本；OH表示以本币为单位的从业人员每小时创造的增加值；ULC表示单位劳动力成本；ULC′表示经调整后的单位劳动力成本；AAGR表示年平均增长率

资料来源：世界银行，并参考魏浩，郭也《中国制造业单位劳动成本及其国际比较研究》

（三）中国与亚洲新兴国家的劳动力成本及单位劳动力成本比较

近年来，随着中国劳动力成本的不断上涨，国内许多劳动密集型制造业企业，尤其是 FDI，甚至有相当一部分国内资本，都开始往东南亚新兴国家（如越南、泰国、印度尼西亚等）转移。那么，东南亚新兴国家的劳动力成本及单位劳动力成本，是否具有明显的比较优势？低劳动力成本优势是否已成为这些国家和地区吸引外资的重要因素？我们将对此进行探讨。根据测算，中国与亚洲新兴国家的劳动力成本及单位劳动力成本比较，具体见表 3-8。

从表 3-8 可以看出，2001~2013 年，一是中国从业人员每小时劳动力成本于 2013 年已经高于除马来西亚的其他新兴国家，且年平均增长率远远高于所有新兴国家，是泰国、马来西亚、印度尼西亚的两倍以上；二是中国在劳动力成本快速上涨的同时，从业人员每小时创造的增加值也在以更快的年平均增长率提升，在 2013 年，中国的从业人员每小时创造的增加值仍远远高于越南和印度尼西亚，比泰国也略高一筹；三是从单位劳动力成本来看，无论是经过调整还是未经调整的，2013 年中国的单位劳动力成本都远远高于泰国与印度尼西亚，比马来西亚也稍高，而且更重要的是，2001~2013 年泰国、马来西亚及印度尼西亚的单位劳动力成本呈下降趋势，而中国呈上升趋势，这就意味着中国的单位劳动力成本相对其他新兴经济体而言越来越没有竞争力；四是越南虽然单位劳动力成本比中国高很多，但其主要原因并不是劳动力成本高，而是从业人员每小时创造的增加值太低，只有中国的八分之一左右，而一旦越南重视教育和对员工的技术技能培训，从业人员每小时创造的增加值就会得到很大提升，单位劳动力成本就会大幅下降。

由此可见，中国相对于东南亚新兴国家来说，劳动力成本优势已经不复存在，而且这种传统的低成本优势将一去不复返。而泰国、印度尼西亚等新兴国家的单位劳动力成本这些年却一直呈下降趋势，其低成本优势将可能进一步凸显。然而，前面和美国、日本、德国等发达国家进行劳动力成本比较时也发现，中国的劳动仍然有很大的提升空间。因此，中国的制造业尤其是劳动密集型制造业企业，面对亚洲新兴国家的低单位劳动力成本优势和欧美发达国家的高新技术优势的双重压力，要么通过加大对员工的技术技能培训和引进更先进的生产技术与设备，大幅提高劳动生产率，以降低单位劳动力成本；要么通过加大研发投入和更有效率的技术创新模式，大幅提高科技创新能力和产品技术水平，实现产业与产品的转型升级。否则，将面临传统的低劳动力成本优势消失，而新的技术竞争优势没有形成，继而被市场淘汰的风险。

表 3-8　中国与亚洲新兴国家的劳动力成本及单位劳动力成本比较（单位：美元/小时）

年份	中国				越南				泰国				马来西亚				印度尼西亚			
	LCH	OH	ULC	ULC′	LCH	OH	ULC	ULC′	LCH	OH	ULC	ULC′	LCH	OH	ULC	ULC′	LCH	OH	ULC	ULC′
2001	0.54	2.37	0.23	0.09	0.35	0.70	0.50	0.14	0.67	3.31	0.20	0.07	2.06	5.21	0.39	0.17	0.28	1.81	0.15	0.046
2002	0.59	2.44	0.24	0.10	0.38	0.73	0.52	0.14	0.82	3.64	0.22	0.08	2.13	5.90	0.36	0.17	0.35	2.21	0.16	0.054
2003	0.62	4.58	0.14	0.05	0.41	0.73	0.57	0.16	0.75	3.95	0.19	0.07	2.24	6.43	0.35	0.16	0.46	2.72	0.17	0.065
2004	0.74	5.72	0.13	0.05	0.48	0.76	0.63	0.18	0.75	4.27	0.18	0.07	2.39	7.83	0.31	0.14	0.48	3.02	0.15	0.061
2005	0.76	5.88	0.13	0.06	0.53	0.84	0.64	0.19	0.78	4.67	0.17	0.07	2.48	8.44	0.29	0.13	0.44	3.07	0.14	0.057
2006	0.90	6.80	0.13	0.06	0.62	0.92	0.67	0.21	0.90	5.58	0.16	0.07	2.64	9.08	0.28	0.14	0.51	3.98	0.12	0.059
2007	1.13	8.89	0.13	0.06	0.69	1.02	0.68	0.22	1.00	6.42	0.16	0.07	3.02	10.9	0.27	0.14	0.52	4.37	0.12	0.060
2008	1.47	9.68	0.15	0.08	0.81	1.16	0.70	0.27	1.16	7.41	0.16	0.08	3.17	12.51	0.25	0.14	0.51	5.27	0.10	0.053
2009	1.62	10.41	0.16	0.09	0.90	1.16	0.77	0.29	1.10	6.84	0.16	0.08	3.00	11.26	0.26	0.13	0.53	5.18	0.10	0.051
2010	1.90	10.51	0.18	0.11	1.02	1.26	0.81	0.33	1.23	8.67	0.14	0.08	3.54	13.49	0.26	0.15	0.55	6.05	0.09	0.049
2011	2.27	11.12	0.20	0.13	1.16	1.35	0.86	0.38	1.33	9.67	0.14	0.08	3.75	14.60	0.26	0.15	0.56	6.77	0.08	0.046
2012	2.71	11.76	0.23	0.16	1.32	1.45	0.92	0.44	1.43	10.78	0.13	0.08	3.97	15.79	0.25	0.16	0.57	7.57	0.07	0.043
2013	3.23	12.45	0.26	0.19	1.51	1.55	0.98	0.51	1.54	12.02	0.13	0.08	4.20	17.09	0.25	0.16	0.58	8.48	0.07	0.040
AAGR	16.4%	16.63%	2.75%	8.64%	12.93%	6.93%	5.77%	11.83%	7.58%	11.62%	−3.3%	1.23%	6.26%	10.72%	−3.55%	−0.24%	6.79%	14.06%	−5.84%	−0.73%

注：LCH 表示以本币为单位的从业人员每小时劳动力成本；OH 表示以本币为单位的从业人员每小时创造的增加值；ULC 表示单位劳动力成本；ULC′表示经调整后的单位劳动力成本；AAGR表示年平均增长率

资料来源：世界银行，并参考魏浩，郭也《中国制造业单位劳动成本及其国际比较研究》

第四节 劳动力供给变化背景下制造业升级面临的机遇与挑战

一、国际分工新格局下中国制造业发展现状

改革开放以来，作为中国经济增长“中流砥柱”的制造业，凭借在相当长一段时期里几乎处于无限供给状态的丰裕而廉价的劳动力资源参与国际分工，获得了持续、快速的发展，迅速成长为世界第一制造大国，并推动中国GDP长期高速增长，成为经济总量世界第二，直逼美国，且有望很快超越美国的世界第二大经济实体。随着中国改革开放的不断深化，数以亿计的剩余劳动力从农村、农业中释放出来，涌往城镇尤其是东南沿海开放地区，数量庞大、成本极低的劳动力资源长期成为中国制造业，尤其是劳动密集型制造业巨大的利润和强大的市场竞争力的核心来源，低劳动力成本优势下的物美价廉推动中国迅速成为全球制造中心，并赋予了中国制造在国际市场上强大的竞争力。

数据显示，2014年中国货物出口总额高达23 427亿美元，是1978年167.6亿美元的140倍，占全球货物总出口额的12.37%，制成品占比超过90%，为世界之最①。

根据要素禀赋理论，只有当一个国家或地区的产业结构和要素禀赋结构相匹配时，才可能最大限度地发挥各种生产要素的经济增长创造效用，激发经济增长的潜力。这时的全要素生产率是最高的，也是其综合国际竞争力最强的时期。而一个国家或地区产业升级的最优方向就是和其要素禀赋结构动态变化相吻合的产业结构方向。回顾我国经济发展历程，自改革开放以来，在相当长的一段时期里，我国制造业结构和要素禀赋结构基本还是相匹配的。但近年来随着要素禀赋结构的动态变化，甚至当要素禀赋出现逆转时，我国制造业结构却没有进行相应的调整，制造业产品及相关产业没有及时实现转型，并由此引发了一系列复杂的社会问题。

改革开放之初，百废待兴，我国制造业几乎处于“一穷二白”的“双无”状态，一无资本积累，二无技术专利，只能凭借通过改革从农村、农业中释放出来的数以

① 数据资料来自《国际统计年鉴》。

亿计的，呈无限供给的剩余劳动力和丰富而廉价的自然资源，特别是矿产资源参与到国际分工中来。海外资本看重的也主要是中国丰裕而廉价的劳动力资源和自然资源。因此，改革开放后的近 20 年时间里，中国重点发展和布局的，海外资本主要投入的大多都是劳动密集型和资源密集型制造业。这一时期，凭借无限供给、成本极低的劳动力资源，纺织业、服装业、食品制造业、皮革毛皮制造业、家具制造业、金属及非金属矿物制品业等劳动密集型产业获得了前所未有的快速发展，其中纺织服装制品于 1994 年出口额就已经达到 355.5 亿美元，占全世界份额的 13.2%，成为全球第一大纺织服装制品出口大国，并且保持老大的位置一直持续至今。

随着劳动密集型和资源密集型制造业的持续、快速发展，我国的要素禀赋结构也逐渐发生改变，有的生产要素出现逆转。其主要表现如下。

一是劳动要素逐渐由无限供给、价格便宜转变为供不应求、成本昂贵。在劳动力供给方面，受始于 20 世纪 70 年代越来越严格的人口与计划生育政策、人口结构转变及人口老龄化加速等因素的影响，劳动力供给数量在持续了较长一段时间的较快增长后，于 2012 年开始转为负增长，且低端劳动力供给数量出现负增长的时间节点更早。对劳动力的需求方面，长期持续、快速发展，规模呈无限扩张态势的制造业，尤其是劳动密集型制造业对劳动力，特别是低端劳动力的需求已呈无限需求态势。在劳动力供给和需求发生变化的交互作用下，当前“招工难”、“民工荒”、劳动力成本加速上涨已成经济发展的常态。

二是资本逐渐由稀缺而昂贵的资源转变为丰裕而廉价的生产要素。在中国制造业尤其是劳动密集型制造业持续、快速发展的过程中，凭借巨大的劳动力成本优势，制造业企业获得了巨大的利润空间，较快地实现了资本的有效积累，资本存量变得越来越丰裕而廉价。2015 年中国 GDP 总量达到 67.7 万亿元，人均 GDP 达到 49 351 元，财政收入超 15 万亿元。2015 年中国 GDP 总量已经是日本的两倍多、德国的三倍多。银行存款、贷款利息一降再降，资本存量已经出现根本性逆转。

三是技术要素得到一定的积累，技术创新能力进一步提高，原始创新能力也有所突破。在制造业持续、快速发展的过程中，中国政府和企业也高度重视研究开发与技术进步，通过加大研发投入、模仿创新、原始创新，在很大程度上推动了科技进步。2015 年中国 R&D 经费投入高达 14 220 亿元，全年申请专利 279.9 万件、授权 171.8 万件，其中境内有效发明专利 87.2 万件。由此可见，中国技术创新能力也得到了一定的积累，高新技术产业发展已具备技术基础。

随着国内劳动、资本与技术等生产要素密集度的转变，尤其是随着资本的较快积累和成本的不断下降，自 20 世纪 90 年代以来，资本密集型制造业，尤其是机电产业发展突飞猛进，跨国公司纷纷将产业或产品全球价值链的生产、组装环节转移、投放到中国，在华投资建立自己的生产、组装、加工工厂，使中国迅速成为全球的制造中心、世界的代工厂。中国的机电产品出口量也迅速增长，于 1995

年达到 438.6 亿美元，超过纺织服装出口成为中国第一大出口商品，并于 2009 年达到 7 131.1 亿美元，超越德国，成为世界第一大机电产品出口大国。

然而，在当前技术得到一定积累的情况下，技术密集型制造业，尤其是高新技术产业却仍然没有得到应有的发展，综合国际竞争力较低；而在劳动要素发生根本性逆转，低端劳动力供给严重不足、成本高涨的情况下，劳动密集型制造业却仍在大规模扩张，试图维持原有的利润。在当前中国的要素禀赋结构已经发生很大变化，甚至出现根本性逆转的情况下，制造业结构却没有得到相应的调整，甚至在朝着相反的方向继续前行，并由此而带来了一系列复杂的经济社会问题。主要表现如下：

一是人口老龄化背景下低端劳动力数量供给曲线长期不可逆向下和高劳动力成本背景下劳动密集型制造业企业为维持原有利润额而无限制、大规模扩张创造的对劳动力，尤其是低端劳动力的无限需求之间的矛盾日益深化，带来了愈演愈烈的“招工难”“民工荒”“技工荒”问题，并且使低端劳动力供给和需求陷入“供给越少—招工越难—成本越高—利润越低—维持利润所需规模越大—需求越多—招工更难……”的恶性循环。

二是高等教育大众化背景下知识型高端劳动力供给曲线长期不可逆向上、供给增速快和高新技术产业发展缓慢对高端劳动力有效需求不足之间的矛盾日益加剧，带来了日趋严重的大学生“就业难”、工资低等问题，并且使知识型高端劳动力供给和需求陷入“有效需求不足—就业难度增大—待遇相对较低—负向影响青少年教育价值观—负向影响人才培养质量—人才培养质量偏低、高层次创新型人才严重不足—科技创新能力低下—高新技术产业发展更慢—对高端劳动力有效需求量更低……”的恶性循环。

三是经济增速放缓背景下有效投资不足、资本有效需求不足和资本存量的边际收益递减规律作用下已经得到有效积累的资本供给相对丰裕的矛盾越来越深，继而催生出“流动性过剩”、资本密集型实体投资冷门等诸多问题。因此，探讨如何顺沿要素禀赋结构动态变化，顺势推进制造业向和要素禀赋结构动态变化相吻合的高端升级，充分有效发挥各种生产要素的经济增长创造效应，推动经济社会又好又快发展，变得迫切而紧要。

二、劳动力供给变化背景下制造业升级面临的挑战

（一）制造业原有比较优势正在消减

长期以来，数以亿计、无限供给、成本极低的劳动力资源一直是我国制造业，

尤其是劳动密集型制造业参与国际分工最大的传统比较优势。也正是这种低成本优势使我国制造业获得了持续、快速的发展，并表现出很强的国际竞争力。并且，这种劳动力资源供给越多、成本越低、中外成本差距越大，我国的制造业出口竞争力也就越强。然而，一方面，严格计划生育政策作用下，人口老龄化加速，劳动力供给数量趋减，劳动力成本攀升，数量型人口红利消退。随着 20 世纪 80 年代初出台的更为严格的计划生育政策的效果越来越明显，从 2005 年开始，我国 15~64 岁的适龄劳动人口数增速明显放缓[140]，到 2013 年劳动力供给绝对数量出现首次负增长，相比 2012 年减少 200 多万人，劳动力供给数量缩减已成不可逆转的大趋势。与此同时，由于低生育率和医疗卫生事业发展延长了人均寿命等原因，我国 65 岁及以上年龄人口数所占比例正在逐年攀升。截至 2014 年末，我国 60 岁及以上人口多达 21 242 万人，占总人口比重为 15.5%，65 岁及以上人口 13 755 万人，占总人口比重高达 10.1%。在人口老龄化加速背景下，我国劳动力供给数量将在相当长的时期内减少趋势不可逆，社会抚养成本增加，劳动力成本也迅速高涨，我国在岗职工工资从 1990 年 2 140 元已经上涨到了 2014 年的 56 360 元，25 年间增长了约 25.34 倍。制造业从业人员的工资增长速度可能更快，劳动力成本将在相当长一段时期内呈不可逆的加速上升态势①。图 3-2 为 1990~2014 年全国劳动力供给和职工人均工资变化情况。

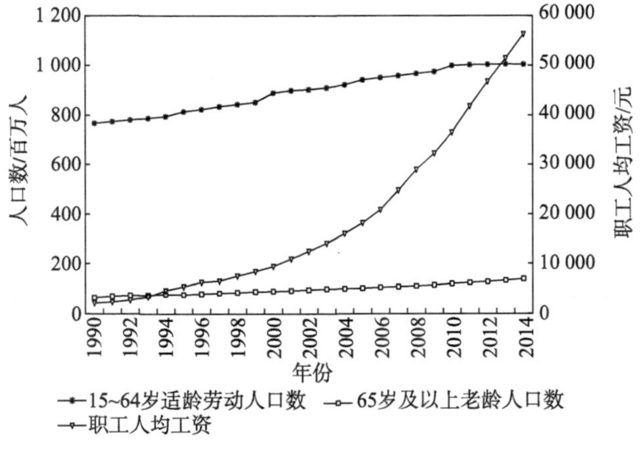

图 3-2 1990~2014 年全国劳动力供给和职工人均工资变化情况

资料来源：《中国统计年鉴》

另一方面，获得了长期持续、快速发展的劳动密集型制造业在几乎耗尽了所有的数量型人口红利之后，仍在进行大规模的扩张，并且创造了远远高出劳动力

---

① 数据资料来自《中国统计年鉴》。

供求均衡点的劳动力需求量。在这种情况下，随着“50 后”“60 后”劳动力逐渐退出劳动力市场和具有明显“高端化”“服务化”“去制造业化”新特征的“80 后”“90 后”新生代劳动力成为劳动力市场主体，劳动力尤其是低端劳动力供给和需求之间的缺口将越来越大，这将使制造业，特别是劳动密集型制造业企业面临的“招工难”“民工荒”“技工荒”问题越来越严重，劳动力尤其是低端劳动力成本越来越高，制造业原有的低劳动力成本优势已经一去不复返，低端制造业如果不能适时转型升级，必将被市场淘汰。

（二）制造业新的竞争优势难以形成

科技创新能力，尤其是核心关键技术攻关能力是经济全球化纵深发展下经济增长和国际竞争力的根本来源。Velenchik 早就指出，科技进步是实现经济增长和推动产业升级的原动力，而人力资本积累是促进科技进步和提高生产效率的关键[95]。科技创新能力对发达国家经济增长的贡献率超过 75%，而资本、劳动、原材料、能源等生产要素对经济增长总贡献率不足 25%[141]。美国兰德公司的研究结果也表明，只有技术独立，才有产业独立，才能经济独立，才有政治独立[142]。因此，发达国家无一不高度重视人才培养、人力资本积累与科技创新，多途径、多举措强力促进技术创新。美国甚至认为，科技进步是美国在过去 60 多年时间里创造高附加值和实现可持续增长的“唯一最重要的因素”；日本也一直在强力推进教育兴国战略和人才强国战略；欧盟更是将科技创新作为至高无上的国家战略加以实施。后金融危机时代，一场新的人才争夺战，一场新的科技制高点争夺战，一场没有硝烟的战争正在悄无声息，却又无比激烈地进行着。可以预见，在这场新的角逐中，谁能未雨绸缪，抢先培养一大批高层次创新型人才和高技术技能人才，谁能抢先掌握新一代核心、关键技术，谁就能抢占新一轮科技制高点、技术主导权、发展主动权和国际话语权。

经过多年的持续、快速发展，我国制造业无论是生产总值，还是出口总额，均已名列世界第一，是名副其实的全球制造大国。然而，受当前教育体制下高层次创新型人才，尤其是拔尖型、领军型人才严重不足制约，我国制造业整体科技创新能力仍然非常低下，核心、关键技术缺失，仍处于产业全球价值链生产、组装、加工的低端。

培养制造业技术竞争新优势，根本途径在于培养高层次创新型人才，关键举措在于创新教育体制机制和人才培养模式。近年来，随着我国高等教育的快速发展，虽然人均受教育年限已经有了大幅提升，接受高等教育的人数也有了大幅增加。但在“唯分论”的应试教育体制和“千篇一律、千人一面”的人才培养模式下，我国各学校，尤其是各高校所培养的学生中缺乏高层次技术技能型人才，尤其缺乏高层次创新型人才，科技领军型人才更是凤毛麟角。社会整体人力资本水平和科技创新能力提升的速度远远落后于人均受教育年限增长，导致社会整体技术技能水平和科技创新能力很低，尤其是产业共性、关键技术攻关能力严重不足，成为制约我国制造业技术竞争新优势形成的瓶颈。

三、劳动力供给变化背景下制造业升级面临的机遇

（一）高等教育大众化背景下劳动者整体质量提高有利于制造业升级

改革开放以来，随着我国教育事业的持续、快速发展，尤其是始于 21 世纪初的高等教育大众化的快速发展，我国人均受教育年限增长较快，知识型劳动力占比加速上扬，劳动者整体质量不断提高，人力资本得到较快积累，这些都将在很大程度上促推制造业转型升级与结构优化。表 3-9 为我国各主要年份高等教育发展情况。

表 3-9　我国各主要年份高等教育发展情况

年份	高校数/所	高校专任教师数/万人	大学生/万人		
			招生人数	在校人数	毕业人数
1952	201	2.7	7.9	19.1	3.2
1978	598	20.6	40.2	85.6	16.5
2000	1 041	46.3	220.6	566.1	95.0
2014	2 529	153.5	721.4	2 547.7	659.4

资料来源：历年《中国统计年鉴》和《中国教育统计年鉴》

从表 3-9 可以看出，1952 年以来，我国高等教育各项指标都大幅提高。2014 年全国高校数、高校专任教师数、大学生招生人数、大学生在校人数、大学生毕业人数分别是 1952 年的 12.6 倍、56.9 倍、91.3 倍、133.4 倍、206.1 倍，是 1978 年的 4.2 倍、7.5 倍、17.9 倍、29.8 倍、40.0 倍，以及 2000 年的 2.4 倍、3.3 倍、3.3 倍、4.5 倍、6.9 倍。我国大学生人数自 2003 年首次超过美国以来，已连续 13 年位居世界第一。2014 年高等教育劳动者占总劳动人数的比重约为 2.6%，相对于 1978 年、2000 年分别提高了 10 倍和 4 倍，且自 2000 年以来增速最快。高等教育的快速发展为制造业升级提供了良好的人才基础与智力支撑。

尤为重要的是，在高等教育大众化和产业结构低端化的双重作用下，我国高端劳动力不但供给丰富，而且成本相对较低，从而为推进高端制造业发展，继而

驱动制造业转型升级提供了巨大的潜在人才红利。我国制造业经过多年发展，虽然产业结构有所优化，但低端制造业占比仍然很大，产业发展对劳动力的需求仍以低端劳动力为主，在高端劳动力供给曲线长期向上且成本相对较低的情况下，对知识型劳动力的需求量远远低于其供给，并带来了日益严重的大学生就业难问题，知识型劳动力成本也严重偏低。统计数据表明，我国大学生初次就业率一跌再跌，2015 年仅为 70.2%，较 2011 年下降了 7.6%，且大学生月平均工资仅为 3 726 元，远远低于农民工薪酬水平。这表明，我国知识型劳动力成本严重偏低，潜在质量型人口红利巨大，如果开发得当，将成为促进我国产业转型升级及增长模式转变的重要推手①。

（二）工资收入与消费水平提高有利于制造业升级

劳动力成本上升在增加企业成本的同时，也提高了劳动者的收入水平和可支配能力，提升了市场整体消费能力和消费水平。此外，劳动力成本上升还提高了劳动者对自身及其后代的教育与再教育投入能力，能有效提高劳动者整体素质，从而通过多途径、多渠道促进制造业升级。

一方面，劳动力成本上升可增加劳动者可支配收入，进而提高消费水平，促进消费结构升级，拉动制造业升级。凯恩斯的消费理论指出，收入与消费水平是正相关的，居民可支配收入的增加可以促进消费结构升级。消费既是生产的根本目标，又是生产的原动力，消费水平的提高与消费结构的升级必然拉动产业结构升级。因此，劳动力成本上升有利于拉动产业结构升级。随着我国劳动者工资的不断增长，居民人均收入与消费水平随之提高，居民消费偏好与消费结构也会随之上升，主要表现为对产品质量、品牌、科技含量及个性化要求越来越高。这将导致人们对低端商品的消费越来越少，而对中、高端产品的消费越来越多，从而驱动制造业不断从低端向中端，继而向高端升级。

另一方面，劳动力成本上升还会通过影响劳动者对自己及其后代的教育与再教育投入，提升劳动者素质，促进人力资本积累，继而正向影响制造业升级。主要表现如下：一是工资水平、薪酬待遇在很大程度上是对劳动者付出的肯定，随着工资的上涨，劳动者的工作成就感、满足感也会随之上升，自我价值也会在工作中得以实现，从而更愿意为工作而加强学习，提高自身综合素质，这有利于促进人力资本积累。二是高工资水平、高薪待遇是吸引与留住优秀人才、高层次人才的重要保障，随着工资的上涨，不但可以留住本土优秀人才，而且还可以吸引大量的海外高层次人才为企业所用，这也是加快人力资本积累的重要途径。三是

① 数据来源于历年《大学生就业力报告》。

随着工资与收入水平的提高，能更好地激励其将更多的资源投入自身及其后代的教育与再教育中来，以提高自身及其后代的综合素质，获取更好的工作岗位和薪酬待遇。事实上，在土地、资本、技术与劳动等生产要素中，劳动要素表现得越来越重要，作为高级生产要素的劳动力，尤其是高端劳动力，特别是高、精、尖型人才及其所拥有的高技术技能的经济增长贡献率越来越高。总而言之，劳动力成本上涨，会促进劳动者素质提高，推动人力资本积累，提高劳动生产率和全要素生产率，继而推动制造业转型升级与结构优化。

第四章　劳动力供给变化影响制造业升级的机理

人口结构转变背景下人口老龄化加速，劳动力供给数量趋减，劳动者受教育程度提高，新生代劳动力择业行为转变，低端劳动力成本攀升，这将对我国制造业发展产生深远影响。基于1952~2014年中国人口、劳动力和制造业发展的相关数据，对劳动力供给变化影响制造业升级的机理展开深入探讨，认为劳动力供给数量下降会倒逼制造业升级，知识型劳动力占比提速会顺推制造业升级，新生代劳动者择业行为转变会促进制造业升级。因此，我国应顺沿劳动力供给变化，既要通过技术技能双提升、人才培养模式创新和科技创新驱动制造业升级，又要政策促推制造业向和劳动力供给动态变化相协调的价值链高端和结构高端升级。

第一节　数量型人口红利消退倒逼制造业升级

一、数量型人口红利丰裕引致制造业低端化发展

根据产业结构理论、产业全球价值链理论与生命周期理论，制造业各细分行业和制造业全球价值链“微笑曲线”上的不同环节，对劳动力数量、质量、结构与成本的需求存在明显的差异，即存在典型的劳动力需求异质性，并使得劳动力供给数量、质量、结构与成本等的变化对高、中、低技术密集型制造业所属产业和制造业全球价值链上的影响各不一样，继而对制造业产业结构升级与全球价值

链升级造成不同的影响，具体表现如下：一是高技术或技术密集型制造业和全球价值链上以研发、品牌与服务为主的高端所属企业，主要是进行技术创新、新产品开发、高端品牌策划与建设及服务，企业发展与获利最需要的关键要素为高层次创新型人才与研发经费，对劳动力的需求可概括为高、精、尖。二是中技术或资本密集型制造业和全球价值链上核心零部件生产及销售环节所属企业，主要依靠资本投入与规模扩张来实现发展与获利，所需人才主要为经济、管理、营销、技术技能、工程、服务类人才，这类企业对劳动力数量的需求增加，而对质量要求相对降低。三是低技术或劳动密集型制造业和制造业价值链上生产、制造、组装、加工为主的价值链低端所属企业，其产品生产过程已经完全实现标准化、流程化，工作没有什么技术含量与特殊要求，对劳动力的受教育程度、年龄、性别等的要求大幅降低，几乎“谁都可以做”，决定企业发展空间与利润率、利润额的关键资源便是大量的低成本劳动力。可以说，国内外劳动力成本差价是直接影响和决定企业发展的根本性因素，一旦劳动力成本上升，这类企业的发展空间就会压缩，利润率就会下降、归零甚至为负。

长期以来，几乎呈无限供给，成本极低的劳动力资源，曾推动我国制造业，尤其是劳动密集型制造业持续、快速发展，并使我国迅速成长为世界第一制造大国、第二大经济实体。从表 4-1 可以看出，自 20 世纪 80 年代以来，在接下来的近 30 年时间里，20 世纪 50~60 年代“婴儿潮”期出生人口恰好成为 1980~2000 年劳动力的主力军。在这个黄金 30 年的时间里，劳动力供给数量差不多翻番，数以亿计的劳动力形成了无限供给之势。而最为重要的是，受成长环境和当时的政治、经济、社会等各方面的条件影响，“50 后”“60 后”大多能吃得苦、耐得劳，工作耐受力强，对工作条件、环境、工资等要求相对较低，具有诸多有利于经济发展的特征，为黄金 30 年的经济增长提供了巨大的人口红利。时至 2002 年，我国制造业从业人员平均每小时劳动报酬仍只有 0.74 美元，远远低于德国、美国、日本、荷兰、法国等发达国家分别为 27.63 美元、27.37 美元、21.75 美元、24.21 美元、23.31 美元的每小时劳动报酬，低于墨西哥、巴西、南非等各主要发展中大国分别为 5.59 美元、3.08 美元、2.61 美元的每小时劳动报酬，甚至还低于菲律宾、泰国周边新兴发展中国家分别为 1.02 美元、0.83 美元的每小时劳动报酬[127]。由此可见，长期以来，我国劳动力成本严重偏低，我国制造业尤其是劳动密集型制造业凭借廉价的劳动力成本优势参与到全球产业价值链的分工中去，并获得了巨大的利润与发展空间，我国制造业也因此获得了持续、快速的发展[143]。

表 4-1　1992~2013 年中国主要年份劳动、资本与技术密集型制造业发展主要经济指标 a）

项目	各主要指标	1992 年	1997 年	2005 年	2010 年	2013 年
劳动密集型制造业	企业个数/个	243 302	240 463	152 813	213 134	162 421
	主营业务收入/亿元	9 761	20 094	76 739	194 553	297 480
	利润总额/亿元	248.8	442.2	3 489.1	13 933.0	20 007.7
	利润率	2.55%	2.20%	4.55%	7.16%	6.73%
	比重	41.17%	37.72%	34.02%	31.85%	32.95%
资本密集型制造业	企业个数/个	78 612	94 990	64 975	106 339	79 271
	主营业务收入/亿元	8 418	18 949	80 341	224 845	328 073
	利润总额/亿元	413.3	471.6	3 859.6	14 151.6	16 069.9
	利润率	4.91%	2.49%	4.80%	6.29%	4.90%
	比重	35.50%	35.57%	35.62%	36.81%	36.34%
技术密集型制造业	企业个数/个	57 220	71 587	54 503	96 043	74 349
	主营业务收入/亿元	5 532	14 235	68 458	191 426	277 193
	利润总额/亿元	294.2	485.8	3 013.1	14 569.8	18 937.9
	利润率	5.32%	3.41%	4.40%	7.61%	6.83%
	比重	23.33%	26.72%	30.35%	31.34%	30.71%
制造业（整体）	企业个数/个	379 134	407 040	272 291	415 516	316 041
	主营业务收入/亿元	23 711	53 277	225 538	610 824	902 746
	利润总额/亿元	956.3	1 399.5	10 361.7	42 654.4	55 015.5
	利润率	4.03%	2.63%	4.59%	6.98%	6.09%

a）劳动、资本与技术密集型制造业分类标准参照《劳动力成本上升对制造业结构升级的影响研究》,《中国软科学》2014 年第 12 期

资料来源：1993~2014 年《中国工业经济统计年鉴》和《中国工业统计年鉴》

制造业低端化主要表现如下：一是在制造业产业结构中，低技术或劳动密集型制造业生产总值占制造业总产值的比重过高，出现产业结构低端化；二是在制造业全球价值链“微笑曲线”上，以加工、组装为主的生产环节的生产总值占制造业总产值的比重过高，出现全球价值链低端化。长期以来，由于我国数以亿计的劳动力形成了无限供给之势，劳动力成本低廉，数量型人口红利巨大，使得低端制造业企业仅凭劳动力成本优势就能获得巨大的发展与利润空间。各生产要素的相对成本是影响与决定产业结构与各产业发展方向的终极力量。这类企业对劳动力数量的需求增加，而对质量要求相对降低，并使企业缺乏进行研发投入与技术创新的动力与积极性，继而导致我国制造业 R&D 投入严重不足、技术创新能力低下，进一步使我国制造业长期被锁定在产业结构低端和全球价值链低端。

从表 4-1 可以看出，在 1992~2013 年，我国制造业转型升级的速度非常缓慢，

成效并不明显。截至 2013 年，劳动密集型制造业生产总值占制造业总产值的比重仍然高达 32.95%，比 2010 年 31.85%的比重甚至还高了 1.1 个百分点，较 1992 年的 41.17%仅下降了 8.22 个百分点；而 2013 年技术密集型制造业所占比重却仅为 30.71%，不仅远远低于劳动密集型制造业（32.95%）的比重，甚至比资本密集型制造业（36.34%）的比重还低 5.63 个百分点，特别值得一提的是，比起 2010 年技术密集型制造业（31.34%）的比重，非但没有上升，反而还有所下降。由此可见，我国制造业的低端化问题非常严重，而且近几年更加突出。

二、数量型人口红利消退倒逼低端制造业升级

低技术或劳动密集型制造业企业对低成本劳动力资源的依赖程度很高，劳动力成本高低在很大程度上决定了这类企业的生存、发展与获利空间。改革开放以来，“无限供给”的低成本劳动力资源曾支撑我国低端制造业获得了持续、快速发展，也使得制造业对劳动力尤其是低端劳动力的需求量越来越大，促使劳动力成本不断上涨。近年来，随着我国人口结构的转变与人口老龄化的加速，劳动力供给数量趋减，劳动力成本攀升，大大降低了劳动密集型制造业的利润空间。在这种情况下，劳动密集型制造业企业为了维持原有利益与利润额，只能进行大规模扩张，并且陷入“规模扩张—需要更多劳动力—劳动力成本更高—利润更低—为维持原有利润额进一步大规模扩张”的恶性循环。这些年来，在制造业企业大规模扩张对劳动力数量的“无限需求”下，我国劳动力尤其是低端劳动力成本急剧攀升，数量型人口红利几乎消失。蔡昉的实证结果也表明，我国制造业企业在岗职工工资每上涨 1%，制造业企业利润率就将缩减 1%~3.25%[144]；而阳立高等的实证结论则说明，工资上涨对低技术制造业企业的负向影响更大，劳动力成本每提高 1%，低技术制造业占比将下降 0.138%[1]。尤其是随着“80 后”“90 后”新生代劳动力成为我国劳动力市场的主力军，其“去制造业化”、“高端化”与“服务化”的就业观念与择业行为，使低端制造业企业面临越来越严重的“招工难”“民工荒”“技工荒”问题，将面临越来越高的劳动力成本。

由此可见，随着我国劳动力成本的不断上涨，劳动密集型制造业企业，特别是在工资水平更高的东南沿海发达地区的低技术制造业企业，如果不能尽快引进新技术、新工艺、新产品，不能赢得足够的时间与空间来调整产品结构和发展模式，不能适时转移或转型升级，则很多企业都将面临负债经营甚至倒闭。更为重要的是，一旦我国原有的劳动力成本优势不复存在，而技术创新能力又没有得到

提升，新的竞争优势未能形成，大量的资本将流出中国，国内产业将面临空心化的严重后果。

第二节　质量型人口红利凸显顺推制造业升级

一、质量型人口红利通过影响创新能力推动制造业升级

制造业升级的核心内容是高技术含量、高附加值、高品质的新产品取代旧产品，使高技术制造业生产总值占制造业总产值的比重不断上升。高技术或技术密集型制造业获得发展与利润空间的关键资源是高层次创新型人才与 R&D 人才及经费投入。一般情况下，随着一个国家或地区人均受教育年限的延长，人力资本会得到较快积累，技术创新能力也会得到相应增加，新技术、新工艺会催生并推动新产品、新产业快速发展，从而推动产业由低端向中、高端升级。近年来，随着我国教育兴国、人才强国战略的推进与实施，尤其是高等教育大众化的加速推进，我国人均受教育年限、大学生人数、硕士和博士生人数都大幅增长，技术创新水平也得到较大提升。2015 年我国大学生人数已经达到 2 625.3 万人，研究生在校生数也多达 191.1 万人，专利申请量、专利授权量与发明专利授权量分别达到 279.9 万件、171.8 万件、87.2 万件。根据《国家创新指数报告 2015》，2015 年中国无论是高校在校大学生人数、研究生人数、R&D 人员数、科学论文发表数均位居世界第一，而无论是专利申请量还是授权量，不但连续位居全球第一，而且超过排名第二的美国、第三的日本和第四的德国三个国家的总和[145]。

随着一个国家或地区教育事业尤其是高等教育的快速发展，人均受教育年限较快延长，人力资本水平较快提高，科技创新能力不断增强，技术要素不断积累，技术要素的相对成本随之降低，企业会不断用高级的技术要素替代较低级的劳动与资本存量。尤为重要的是，作为 R&D 活动的主要产出——专利技术及其特性，使得专利所有者在一定的时间与地域范围内，对专利合法地拥有独占权、独家生产权及收益支配权等。这就使得专利所有者能够独家、垄断性地生产专利产品，并获得高额的垄断利润。而利润的高低是影响生产要素流向的终极因素。因此，随着科学技术的不断进步与技术创新能力的不断增强，必须引导越来越多的劳动、

资本等生产要素向技术密集型制造业汇聚，促进技术密集型制造业快速发展、规模扩张与做大做强。使技术密集型制造业生产总值占比不断上升，从而驱动制造业不断从产业结构与价值链的低端向高端升级。

二、质量型人口红利通过影响市场需求促进制造业升级

市场需求既是驱动企业生产的原动力，又是企业生产的根本目标。市场需求的数量、质量、结构与层次在很大程度上是影响产业发展及产业结构的核心因素。随着一个国家或地区人均受教育年限的不断延长，劳动者综合素质也随之上升，劳动者工资收入水平不断提高，劳动者可支配收入与消费能力不断提高，市场需求结构随之升级，继而推动产品与产业不断升级。

受教育程度和学历层次对个人收入水平有着直接的影响。一般情况下，个人接受的教育年限越长，学历越高，工资待遇也会随之上升。人力资本理论与筛选理论都从不同角度论证了这一观点。李春玲的实证结果表明，劳动者的受教育程度越高，学历层次越高，工资收入水平也会随之上涨，教育投入的经济收益率为6%，且城镇从业人员的教育收益率要比农村高[146]。从表 3-6 也可以看出，近年来随着我国劳动者人均受教育程度的提高，劳动者整体收入水平在不断上涨。2015年我国城镇非私营单位就业人员年平均工资达 62 029 元，其中，在岗职工年平均工资为 63 241 元，而东部地区城镇非私营单位就业人员年平均工资更是高达70 611 元。2015 年全国、东部城镇非私营单位就业人员年平均工资分别是 2005年（18 364 元、22 258 元）的 3.4、3.2 倍[147]。

劳动者薪酬待遇的高低与人均可支配收入水平是决定一个国家或地区消费水平与市场需求结构的关键因素[148]。根据林德的需求偏好相似理论，一个国家或地区的工资收入水平与消费水平成正比，人均可支配收入越高，则消费水平越高。而随着人均收入与消费水平的上升，人们的节能环保与健康意识也随之增强，居民消费结构也随之升级，消费呈现高端化、服务化、多样化、个性化等必然趋势，具体表现如下：一是对科技含量高、品质优良、做工精美、设计美观、功能齐全、多样化、个性化的新产品、新服务、新工艺的需求量越来越大；二是对科技含量低、粗加工、功能单一，仅以满足基本需要为主的低端产品的需求量不断萎缩；三是对质好价优的中档产品的需求量也会不断上升。这就意味着，消费需求的高端化、多样化与个性化的不断发展，必将导致高技术产业不断发展壮大、做大做强，其生产总值占比不断上升，而中、低端，尤其是低端产业必将不断萎缩，从而拉动制造业不断从低端向中、高端升级。

第三节　劳动力供给结构变化影响制造业升级

一、总抚养比上升影响制造业升级

总抚养比变化会通过影响有效劳动力供给及储蓄率等因素，进一步引起制造业结构变化。在当前人口老龄化加速和全面放开“二孩”政策的双重背景下，我国劳动力供给结构正发生深刻、复杂的变化，突出表现为老年抚养比上升，少儿抚养比在长期的下降之后开始缓慢回升，人口总抚养比开始加速上升。这些变化都会对我国制造业产业发展与结构变化产生复杂的影响。

（1）1949 年后婴儿高峰期出生人口的批量、逐次老龄化，适龄劳动力人口的年龄结构呈现老龄化，中青年劳动力数量减少，老龄劳动力数量增多。改革开放以来，随着我国经济社会的持续、快速发展，人们的可支配收入与生活水平提高较快，很多老龄劳动力将返乡休养，我国一大批适龄劳动人口将退出劳动力市场，老龄人口的劳动参与率下降，加之医疗水平的提高，人均寿命的延长使得老年抚养比上升，青年劳动力中有部分人需留在家中照顾老人，继而引致有效劳动力供给数量减少，并进一步消减数量型人口红利，促使原本就微利的劳动密集型制造业要么抓住机遇用资本代替劳动力实现转型，要么在激烈的行业竞争中被市场淘汰，从而对低端制造业发展形成倒逼机制。

（2）随着我国人口与计划生育政策逐步宽松，尤其是自 2015 年 10 月开始，全面“二孩”政策的实施，将在一定程度上带来新生婴儿数量的增加，少儿抚养比的增加将在较长的一段时间内对新生儿父母尤其是母亲的有效劳动带来不同程度的负向冲击，为抚养小孩母亲甚至会留在家中，退出劳动力市场，从而可能降低全社会的总体有效劳动力供给，继而对制造业结构带来影响。

（3）老年抚养比上升、少儿抚养比缓慢上升所导致的总抚养比加速上升，会通过影响社会储蓄率作用于制造业发展及结构变化。在以前我国社会保障制度不完善的情况下，人们对未来生活的担忧导致预防性储蓄动机十分强烈；加之在人口总抚养比较低的情况下，人们的消费需求低，从而带来了整个社会较高的储蓄率。但是，随着社保和养老保险政策的不断完善，加之少儿抚养比上升导致家庭对教育的投入不断提高，以及总抚养比上升导致日常生活支出的大幅度增加，最终，社会整体储蓄率降低。

因此，无论是少儿抚养比还是老年抚养比上升，都可能会减少社会总产出而增加社会总消费，从而在一定程度上降低社会总储蓄水平，并进一步影响产业结构。

二、适龄劳动人口数量与结构变化影响制造业升级

人口结构转变和人口老龄化加速背景下，我国适龄劳动人口的数量与结构正发生深刻变化，突出表现如下：适龄劳动人口数量将在相当长的时期内呈不可逆下降趋势，适龄劳动人口中 50 岁及以上年龄偏大的劳动人口占比较大，而 40 岁及以下中青年劳动人口占比较小，这些变化将为我国制造业发展与转型升级带来很大的影响，具体表现在以下几个方面。

（1）适龄劳动人口数量趋减，成本上升，倒逼制造业升级。受 20 世纪后期日趋严格的人口与计划生育政策影响，近几年来，我国适龄劳动人口数量不断减少，引发劳动力供给，尤其是低端劳动力供给供不应求的状况，继而带来了 21 世纪初始于东南沿海，继而蔓延至全国尤其是用工密集区的，正愈演愈烈的“民工荒”与“技工荒”，导致劳动力成本呈不断上涨趋势，使凭借丰富而廉价的劳动力成本赚取成本差价的劳动密集型制造业企业利润越来越微薄，难以为继、濒临破产，或者已经破产倒闭。高劳动力成本背景下，制造业企业只有不断用更加高级的，正变得越来越丰裕而且成本相对较低的资本与技术要素，来替代正变得越来越稀缺而且昂贵的劳动要素，才可能获得新的利润与发展空间，创造新的竞争优势，立于市场的不败之地。这样，就将促进资本与技术密集型制造业的更快发展和逐步对劳动密集型制造业的替换，从而不断驱动制造业依次从劳动密集型向资本与技术密集型制造业升级。

（2）人口老龄化的加速使得我国适龄劳动人口数量中，中青年劳动力供给数量趋减，而中老年劳动力供给数量增加，劳动人口的年龄结构呈现老化。根据联合国 2015 年人口预测报告，我国未来的适龄劳动人口老化现象严重，45~64 岁组劳动力占比正迅速上升，并将在未来相当长的时期里呈上升趋势；而 15~24 岁青年组和 25~44 岁中青年组劳动力人口占比呈下降趋势，且该下降趋势延续至 2035 年左右。这说明我国未来的劳动人口的年龄结构即将进入老化状态，而这也将对我国制造业转型升级与结构优化带来一系列复杂的影响。

（3）随着我国农村经济的较快发展，农村社会保障制度以及养老保险制度的逐步完善，再加之国家对“三农”发展越来越重视，对农业、林业及返乡创业的扶持与投入力度也越来越大，越来越多的农村大龄外出务工人员将会选择回乡发展

农、林、牧、渔业或旅游业及其他产业，部分大龄劳动力甚至可能直接退出劳动力市场，选择在家养老或者帮忙带小孩，这样会导致更能吃苦耐劳、耐受力高的，对工作环境、条件、待遇等要求相对较低的大龄劳动力的劳动参与率越来越低。而中青年劳动力中，受过高等教育的人数占比更大，他们的经济收入与家庭条件也相对更好，他们的工作耐受力相对更低，而对工作环境、条件、待遇等的要求相对更高。因此，随着适龄劳动人口数量与劳动力年龄结构的转变，我国的劳动密集型制造业企业将面临招工越来越难、劳动力成本越来越高、利润与发展空间越来越窄的多重困境，而高新技术产业则可能迎来知识型劳动力、高端劳动力供给相对丰裕、成本相对较低的良好发展机遇，从而有利于实现制造业的转型升级与优化发展。

第四节　新生代劳动力供给变化影响制造业升级的机理

一、制造业分类产业特征及其劳动力需求异质性

制造业各细分行业及制造业全球价值链的低、中、高端的生产服务过程及特征各不一样，对劳动力数量、质量、年龄结构的需求存在明显的异质性，对劳动力成本上升的承受能力及敏感度也各不一样。因此，理论上而言，劳动力供给数量、质量、结构及成本变化对制造业各细分行业及价值链低、中、高端所属产业的影响效应理论上存在较大差异，具体表现在以下几个方面：一是劳动密集型制造业及处于全球价值链低端的组装、加工、生产型制造业企业，对劳动力供给数量需求量大，对人均受教育年限及劳动力供给质量要求相对不高，而对劳动力工资上涨的承受能力相对最差，可称为低端劳动密集型产业。二是技术密集型制造业及处于全球价值链高端的研发型、品牌服务型企业，对劳动者的学历层次、智力能力及综合素质要求过高，尤其是对高、精、尖的创新型人才与经济管理类人才需求迫切，对劳动力工资上涨的承受能力相对较强，可称为高端劳动密集型产业。三是资本密集型制造业及处于全球价值链中端的零部件生产型及销售型企业，对劳动力数量与质量都有较高要求，但总体而言，对劳动力数量的要求低于劳动密集型制造业而高于技术密集型制造业，而对劳动力质量的要求高于劳动密集型制造业而低于技术密集型制造业，对劳动力成本上升的承受能力也高于劳动密集

型制造业而低于技术密集型制造业，通常将其界定为中端劳动密集型制造业。

一个国家或地区在其工业化初期，资本与技术要素往往相对稀缺，而劳动力供给数量相对丰裕，所以更偏向于发展劳动密集型制造业，这时的制造业发展对劳动力供给数量需求量大，对劳动力供给质量要求不高，而对劳动力成本上涨高度敏感。随着其工业化的不断推进，往往资本优先得到较大积累，技术也会有所进步，资本密集型制造业会得到更快发展，这时的制造业对劳动力供给质量的要求会进一步提高，对数量的需求会逐渐减少，而对劳动力成本上涨的敏感度也会随之降低。而当一个国家或地区进入工业化后期，如果其技术水平能得到有效提高，并且技术密集型制造业能成为制造业主体，则这时的制造业对劳动力素质的要求更高，对数量的需求更少，对成本的敏感度更低。

二、新生代劳动力供给变化对制造业升级的影响

1. 新生代劳动力供给数量长期趋减倒逼制造业升级

受始于20世纪70年代、严于八九十年代的人口和计划生育政策，尤其是严格的“一胎化”计划生育政策影响，“80后”“90后”新生代人口出生率与人口出生数和“50后”“60后”相比均呈明显下降趋势。1980~1999年的平均人口出生率仅为19.40%，比1950~1969年33.75%的年平均人口出生率下降了14.35个百分点；“50后”“60后”出生人口总数高达44 298.36万人，而“80后”“90后”出生人口总数为43 301.66万人，较“50后”“60后”少了996.70万人[①]。综上，随着“80后”“90后”成为我国的主体劳动力，劳动力供给数量必将长期呈下降趋势，并将对劳动密集型制造业发展形成倒逼机制。

2. 新生代劳动力供给质量上升顺推制造业升级

自改革开放以来，我国经济社会持续、快速发展，家庭收入水平迅速提高，国家大力推进科教兴国战略，高等教育呈大众化发展新态势。在这种情况下，新生代人均受教育水平和受高等教育人数占比都迅速提高。“80后”“90后”新生代人均受教育年限为11.82年，比“50后”“60后”（5.36年）的人均受教育年限高出6.46年；而新生代人口中受高等教育人数占比更是高达21.78%，是“50后”“60后”（2.51%）的8.68倍[①]。这样，随着新生代劳动力人均受教育年限的延长，我国的人力资本将得到较快积累，成为促进技术密集型制造业快速发展的原动力，

① 根据历年《中国人口和就业统计年鉴》和《中国统计年鉴》数据整理和计算而得。

并将在很大程度上影响制造业升级速度。

3. 新生代劳动力“去制造业化”择业行为迫使制造业升级

随着“婴儿潮”出生人口依次大规模地老龄化，新生代将很快成为主体劳动力。他们大多为独生子女，且受教育程度较高，无较大的生活压力。他们对职业的期望值偏高，对物质与精神生活的要求较高，大多不愿意去工作条件相对较差的制造业企业工作，呈明显的“去制造业化”发展态势。这使得原本就微利甚至负债经营的制造业企业，尤其是一些小微企业，不得不通过不断提高劳动报酬和改善工作条件来吸引和留住这些新生代。然而，即便新生代“蓝领”的薪酬待遇已远高于新生代“白领”，也难以让他们在没有生机的机器和枯燥乏味的流水线上安心工作。因此，随着“50后”“60后”慢慢退出生产线的舞台，我国东南沿海低端制造业的发展空间将不复存在，劳动密集型制造业企业如果不能适时转型升级，必将退出历史的舞台。

4. 新生代劳动力择业行为“高端化”促推制造业升级

新生代劳动力择业行为在呈现出“去制造业化”趋势的同时，也呈现出“高端化、服务化”的新态势。新生代因受教育程度高，受家庭期盼、社会舆论，尤其是自身梦想等多重因素的影响，对工作岗位有着“天然”的美好愿景，对“体面”的工作趋之若鹜。人力资本理论和筛选理论也证实了大学生的这种就业观和价值观，即大学生普遍存在高于现实的就业预期，当现实岗位和就业预期存在差距尤其是差距较大时，就会选择“慢就业”甚至“不就业”。此外，大学生往往存在学历越高，就业预期越高和现实差距越大的问题。这说明新生代大学生就业越来越偏向于选择处于产业高端的服务业，服务业不仅成为一般劳动力的“蓄水池”，还越来越成为受高等教育劳动者的主要就业渠道。新生代就业“高端化、服务化”趋势不可逆转。当然，也正是新生代对创新创业梦想的奋力追逐，形成了巨大的潜在的质量型人口红利，并将随着我国的产业升级和科学开发，取代数量型人口红利，成为推动制造业升级的中坚力量。

第五节　劳动力成本变化影响制造业升级的机理

由于不同产业的劳动密集度存在较大差异，各产业对劳动要素变化及劳动力成本上升的敏感度也各不一样。一般情况下，劳动力成本上升可以通过作用于一个国家或地区的要素禀赋结构、消费结构与收入水平、人力资本积累速度及技术进步等对其制造业升级产生深远影响[147]。

一、低劳动力成本导致制造业低端化锁定

1. 低成本劳动要素通过挤占高端要素引致制造业低端化

根据要素禀赋理论与产业结构理论，决定一个国家或地区产业结构的根本因素是其劳动、资本与技术等生产要素的相对价格。相对廉价的劳动要素会促进劳动密集型制造业的快速发展，并使其占比不断上升；相对较低的专利技术要素会推动技术密集型制造业快速发展，并促进制造业结构高端化；而相对便宜的资本存量也会促进资本密集型制造业企业的快速发展与做大做强。因此，长期低廉的劳动力成本会促使企业使用相对成本较低的劳动要素替代相对昂贵的资本与技术要素，带来低端生产要素对高端生产要素的挤占效应，使企业既缺乏进行资本与设备投入的动力，又缺乏进行技术创新以提高科技创新能力的积极性。自改革开放以来，伴随着数以亿计的农业人口从三农束缚中解放出来，并形成了劳动人口的无限供给之势，劳动力成本也长期处于低水平徘徊状态，这使得无论是外商还是内资企业，都大量进军劳动密集型制造业，并仅凭廉价的劳动力成本就能攫取巨大的利润，获得快速的发展。在这种情况下，无论是政府还是企业，都缺乏进行 R&D 投入的动力与积极性，导致国内 R&D 投入严重不足。例如，2015 年我国 R&D 投入占 GDP 的比重仍仅为 2.1%，远低于韩国、德国、日本、美国等发达国家的平均水平。这是导致国内技术创新能力严重不足，核心、关键技术缺失，高端制造业发展滞后，制造业结构低端化的重要原因。

2. 低劳动力成本通过保护低劳动生产率导致制造业低端化

一般情况下，低劳动力成本也意味着低知识文化程度、低技术技能水平、低人力资本积累，以及由此导致的低劳动生产效率。由于决定企业发展空间、利润水平与获利的核心因素是各生产要素的相对价格及劳动要素的单位成本，即单位劳动投入的产出水平。单位劳动力成本越低，则企业的发展与获利空间越大。因此，只要劳动力成本足够低，即便劳动生产效率很低，但如果单位劳动力成本更低，使企业仍具有单位劳动力成本比较优势，企业就能获利，且更偏向于采用低生产效率。在这种情况下，如果低劳动力成本使得低劳动生产效率的经济活动也能获利，甚至获得足够的利益，那么低劳动力成本就会掩盖低劳动生产率，企业

也会缺乏对员工进行教育培训、人力资本投入与技术创新的动力，高端制造业也得不到应有的发展，产业就会被锁定在劳动密集型低端。

3. 低劳动力成本通过阻碍人力资本积累引致制造业低端化

长期的低劳动力成本，即低工资水平，会在很大程度上降低人力资本积累速度，使人力资本长期处于低水平状态，继而影响技术进步与制造业升级，容易使制造业长期处于产业结构低端和全球价值链低端。一方面，低劳动力成本状态下，劳动者工资收入水平长期偏低，储蓄积累能力受限，劳动者既缺乏对自身及其后代进行教育与再教育投入的能力，又缺乏对教育投入、提高人力资本水平的动力，从而很容易陷入“低劳动力成本—低工资收入水平—低教育与再教育投入—低人力资本水平—（低技术创新能力—产业结构低端化—低经济增长）—低劳动力成本”的恶性循环；另一方面，低劳动力成本带来的低工资收入水平条件下，不但难以吸引外部高层次人才，而且很容易导致内部优秀人才外流，进一步降低人力资本水平，并陷入“低劳动力成本—低工资收入水平—内部优秀人才外流+外部高层次人才难以引进—低人力资本水平—（低技术创新能力—产业结构低端化—低经济增长）—低劳动力成本”的恶性循环。因此，如果一个国家或地区长期的低劳动力成本得不到合理、有效的提高，该国家或地区的人力资本就得不到有效的积累，技术创新能力就难以有效提升，将可能陷入长期的低经济增长甚至负经济增长状态。

二、高劳动力成本倒逼制造业转型升级

1. 劳动力成本变化通过影响要素禀赋结构作用于制造业升级

劳动力成本上升将对一国要素禀赋结构产生深远影响，继而作用于制造业升级。随着劳动力成本的不断上涨，劳动要素会变得更昂贵，且涨速越快，成本越高，越接近发达国家，劳动密集型产业利润率就将越低，占比也将随之下降。与此同时，上升的劳动力成本将提高居民储蓄率，促进资本积累，降低资本存量成本，使资本密集型产业利润率上升，比重也会随之提高。综上，在劳动要素价格上升、资本价格下降和技术不断积累的条件下，一国要素禀赋结构将可能发生逆转，日渐稀缺与昂贵的劳动将先后被日益丰裕与廉价的资本及技术替代，从而推进制造业升级[147]。

2. 劳动力成本上升通过影响消费结构作用于制造业升级

根据林德的需求偏好相似理论，影响一国需求结构的核心因素是人均收入水平[149]。低收入国家消费需求主要集中在低档产品，消费者更偏向选择能满足基本需求的廉价商品，这将极大地促进劳动密集型制造业发展。随着一国人均收入的不断增加，人们将越发注重商品的质量、样式与品牌，对产品技术水平与功能多样化要求也越高。因此，作为中高端的资本与技术密集型产品将先后成为市场需求的主体。市场需求是企业的生命线，在劳动力成本上升背景下，消费结构升级必将拉动一国制造业从劳动密集型依次向资本与技术密集型升级。

3. 劳动力成本变化通过相互关联机制作用于制造业升级

劳动力成本上升使劳动者财富得到更快积累，支付能力得到提高。在这种情况下，劳动者会加大对自身，尤其是对子女教育与技术技能培训的投入，以提升社会价值，更好地就业与获得更高的收入。这将使社会人力资本得到更快积累，推动技术进步，继而驱动产业升级。此外，随着人均收入、教育与技术技能水平的提高，劳动者尤其是新生代劳动者择业行为将发生深刻变化，突出表现为择业行为呈“去制造业化”和高端化、服务化趋势。这将使低端制造业面临日益严重的“招工难”问题，使高端产业迎来更大发展契机，从而在一定程度上促进产业升级。

第五章　劳动力供给变化影响制造业升级的实证

在人口老龄化、高等教育大众化与人口政策全面二孩化等多重背景下，我国劳动力供给正发生深刻变化，并将对制造业结构优化与转型升级产生深远影响，突出表现如下：一是劳动力供给数量下降，总劳动人口数在2012年达到10亿的峰值后正迅速回落，低端劳动力供给数量长期不可逆趋减，成本呈长期不可逆上升趋势，数量型人口红利消退，制造业原有比较优势不复存在；二是人均受教育年限较快提高，知识型劳动力供给将长期不可逆增长，成本相对较低，质量型人口红利显现，但传统人才培养模式下创新型、应用型人才紧缺，科技创新能力较低，制造业新的竞争优势难以形成；三是人口结构转变，总抚养比上升，适龄劳动人口数占比下降，高抚养比通过影响有效劳动力供给和社会储蓄率抑制制造业结构优化[150]。因此，如何顺沿劳动力供给新变化，顺势推进制造业结构优化，成为我国经济社会发展亟须解决的新问题。

关于劳动力供给影响产业结构的相关研究，现有文献主要从理论与实证两个方面，就劳动力供给数量、劳动力成本对产业发展的影响开展了相关研究。然而结合我国阶段性人口、教育与经济政策，来研究劳动力供给数量、质量及结构差异对产业结构的影响的相关文献尚不多见；而探讨劳动力供给数量、质量及其结构影响制造业结构优化的文献更在少数；分析和区域劳动力供给动态变化相吻合的制造业升级路径的文献则少之又少。鉴于此，我们运用1992~2013年我国29个省（区、市）面板数据，采用系统广义矩估计，从劳动力供给数量、质量、结构等层面探讨劳动力供给变化对制造业结构优化的综合影响。结果显示：从全国层面来看，劳动力供给数量、质量与结构均对制造业结构高度化与合理化水平产生了不同程度的影响；而从分地区的估计结果来看，劳动力供给数量能显著提高西部地区制造业结构高度化与合理化水平，但对东、中部地区影响不明显；劳动力质量能显著提升东、中部地区制造业结构高度化与合理化水平，但对西部地区影响不明显；劳动力供给结构（即总抚养比）上升不利于东、中部地区制造业结构优化，但对西部地区制造业结构高度化形成了明显的倒逼机制。因此，要顺应劳动力供给新变化，政策顺推制造业区位布局与产业结构优化。

第一节 计量检验模型设定

劳动力供给包括劳动力供给数量、质量与结构等多个层面。劳动力供给数量变化直接关联劳动力成本，继而影响人口红利，进而作用于制造业结构调整；劳动力供给质量变化会通过影响人力资本与技术进步等，继而作用于制造业结构优化，是影响制造业结构高端化的核心因素；而劳动力供给结构，即总抚养比变化，则会通过作用于有效劳动力供给与居民储蓄率等，继而对制造业结构产生影响。

（1）劳动力供给数量趋减导致劳动力成本上升，导致数量型人口红利消退，进而倒逼制造业结构升级。在制造业结构中，制造业低端化主要包括制造业结构低端化和价值链低端化两个方面。制造业结构低端化主要是指一个国家或地区的劳动密集型制造业占比过高而技术密集型制造业占比过低；而制造业价值链低端化则主要是指一个国家或地区的制造业处于全球价值链“微笑曲线”上以组装、加工为主的价值链低端环节，而研发、品牌与服务等高端环节占比很低。由于劳动密集型制造业企业及其全球价值链的组装、加工环节的劳动过程均已经实现了标准化与流程化，廉价的劳动力便成为决定其生存与发展的关键资源，且只有巨大的数量型人口红利才能支撑其发展与获利，一旦劳动力供给数量下降，劳动力成本上升，这类企业的利润和发展空间就会缩减、归零甚至为负。工资上涨对劳动密集型产业的负向影响更大，阳立高等的检验结果显示，制造业从业人员平均工资水平每上涨 1%，就将导致劳动密集型制造业占比下降约 1.38%[1]。因此，人口结构转变和人口老龄化加速背景下，随着我国劳动力供给数量在相当长一段时间内不可逆减少，工资上涨的速度将很快超越劳动生产率提高的速度，从而给原本利润就很微薄的劳动密集型制造业企业带来巨大的负向冲击。而在一个国家或地区传统的劳动力比较优势消退之后，如果不能实现人力资本的有效积累与技术进步，形成新的竞争优势，该国产业结构调整就将陷入非常被动的局面，甚至可能掉入“中等收入陷阱”。因此，由劳动力供给数量减少导致的数量型人口红利消退，将对制造业升级产生明显的倒逼效应，进而推动制造业结构不断优化。

（2）人均受教育年限不断延长有助于提升劳动力供给质量，促进人力资本积累与技术进步，进而促进制造业结构内生优化。一方面，劳动力供给质量的提高有助于推动制造业结构高度化发展。制造业结构高度化发展主要包括一个国家或地区的制造业处于全球价值链“微笑曲线”的研究开发与品牌服务的高端和技术密集型制造业占比高的产业结构的高端两个方面。无论是进行 R&D，建立著名商业品牌，提供国际一流服务，还是发展技术密集型产业，都离不开凝聚在劳动者身上的人力资本的较快积累。高端劳动力，特别是拔尖型、领军型科技人才是进行科技创新，尤其是关键、共性技术创新的核心主体，是推动科技进步，继而驱动制造业结构优化与产业升级的原动力。而教育的较快发展和人均受教育年限的不断增长则是实现人力资本较快积累与培养高科技人才的根本途径和有力保障。另一方面，劳动力供给质量变化会通过影响消费结构变化进而作用于制造业升级。随着我国人均受教育年限的不断延长，居民人均收入与消费水平亦会随之提高，居民消费偏好与消费结构也会随之变化，主要表现为对产品质量、品牌、科技含量及个性化要求越来越高。这必将导致人们消费越来越少的低端商品，而购买越来越多的中、高端产品，从而驱动制造业不断从低端向中端，继而向高端升级。此外，劳动者受教育水平上升还会通过作用于对劳动者自身的再教育和对下一代的教育投入，继而作用于制造业升级。总体而言，受教育程度越高的劳动者越重视对自身及其后代的教育及再教育投入，从而可以更好地促进人力资本积累、技术进步与制造业升级。

（3）劳动力供给结构，即总抚养比变化，会通过影响有效劳动力供给及储蓄率等因素，进一步作用于制造业结构变化。在当前人口老龄化加速和全面放开“二孩”政策的双重背景下，我国劳动力供给结构正发生深刻、复杂的变化，突出表现为老年抚养比上升，少儿抚养比在长期的下降之后开始缓慢回升，人口总抚养比开始加速上升。这些变化都将对我国制造业产业发展与结构变化产生深刻、复杂的影响，具体表现如下：一是随着 1949 年后婴儿高峰期出生人口的批量、逐次老龄化，一大批适龄劳动人口将退出劳动力市场，老年抚养比上升，继而引致有效劳动力供给数量减少，并进一步消减数量型人口红利，使原本就微利的劳动密集型制造业企业要么转型发展，要么可能被市场淘汰，从而对低端制造业发展形成倒逼机制。二是随着人口与计划生育政策的逐步宽松，尤其是自 2015 年 10 月开始，全面“二孩”政策的实施，将在一定程度上带来新生婴儿数量的增加，并将在较长的一段时间内对新生儿父母尤其是母亲的有效劳动带来不同程度的负向冲击，从而可能降低全社会的总体有效劳动力供给，继而对制造业结构带来影响。三是老年抚养比、少儿抚养比及总抚养比的变化，都会通过影响社会储蓄率作用于制造业发展及结构变化。在一个国家或地区，适龄劳动人口是生产者，而无论是老年人口还是少儿人口都是消费者。因此，无论是少儿还是老年抚养比上升，都可能减少社会总产出而增加社会总消费，从而可能在一定程度上降低社会总储蓄水平，并进一步影响投资结构与产业结构。

理论上而言，劳动力供给数量、质量及结构变化都会影响制造业结构优化。因此，我们以 Mstruc 表示制造业结构优化；Labor 表示劳动力供给数量；Labquat 表示劳动力供给质量；Labstruc 表示劳动力供给结构。则制造业结构优化可设置为劳动力供给数量、质量和结构的函数：

$$\text{Mstruc}=f\,(\text{Labor, Labquat, Labstruc}) \tag{5-1}$$

此外，现有相关文献形成的普遍共识认为，影响制造业结构优化的重要因素还包括政府对经济发展的控制力、城市化水平、资本存量、研发经费支出等[151]。因此，综合考虑现有研究成果及数据的可获得性，以 Govgdp 表示政府财政状况；Urban 表示城市化水平；Capital 表示资本存量；R&D 表示研发经费支出。从而将计量方程重新调整为

$$\begin{aligned}\ln \text{Mstruc}_{jt} &= \theta_0 + \theta_1 \ln \text{Labor}_{jt} + \gamma_1 \ln \text{Labquat}_{jt} + \theta_2 \ln \text{Labstruc}_{jt} + \gamma_2 \ln \text{Govgdp}_{jt} \\ &\quad + \theta_3 \ln \text{Urban}_{jt} + \theta_4 \ln \text{Capital}_{jt} + \theta_5 \ln \text{R\&D}_{jt} + \xi_{jt}\end{aligned} \tag{5-2}$$

其中，θ_0 表示常数项；$\theta_1 \sim \theta_5$ 和 γ 表示相应的弹性系数；ξ_{jt} 表示随机误差，以反映其他未知因素对制造业结构优化的影响，由于制造业结构优化主要包含合理化和高度化两个方面[149]，因而式（5-2）可进一步分解为式（5-3）和式（5-4）：

$$\begin{aligned}\ln \text{Indusl}_{jt} &= \theta_0 + \theta_1 \ln \text{Labor}_{jt} + \gamma_1 \ln \text{Labquat}_{jt} + \theta_2 \ln \text{Labstruc}_{jt} \\ &\quad + \gamma_2 \ln \text{Govgdp}_{jt} + \theta_3 \ln \text{Urban}_{jt} + \theta_4 \ln \text{Capital}_{jt} + \theta_5 \ln \text{R\&D}_{jt} + \xi_{jt}\end{aligned} \tag{5-3}$$

$$\begin{aligned}\ln \text{Hightech}_{jt} &= \theta_0 + \theta_1 \ln \text{Labor}_{jt} + \gamma_1 \ln \text{Labquat}_{jt} + \theta_2 \ln \text{Labstruc}_{jt} \\ &\quad + \gamma_2 \ln \text{Govgdp}_{jt} + \theta_3 \ln \text{Urban}_{jt} + \theta_4 \ln \text{Capital}_{jt} + \theta_5 \ln \text{R\&D}_{jt} + \xi_{jt}\end{aligned} \tag{5-4}$$

其中，Indusl 和 Hightech 分别表示制造业结构合理化和制造业结构高度化。

第二节　变量测算与数据说明

研究样本为 1992~2013 年全国 29 个省（区、市），为保持数据的完整性和统一性，将重庆市并入四川省（未包括港澳台地区），考虑到西藏相关数据存在严重缺损，未将其纳入本节研究。数据来源于 1993~2014 年《中国统计年鉴》、《中国工业经济统计年鉴》、《中国科技统计年鉴》和《中国人口统计年鉴》，并以 1992

年为基期进行价格调整。下面是相关变量和测度的说明。

（1）制造业结构优化（Mstruc）。制造业结构优化包括制造业结构的高度化和合理化两个方面[149]。一是关于制造业结构高度化的测度，参考傅元海等的研究方法，按技术水平将制造业划分为高、中、低端技术产业三大类[149]。其中高端技术产业包括电气机械及器材、交通运输设备、通用设备、专用设备、通信电子、仪器仪表及文化办公用机械、化工医药等行业，中端技术产业包括石油加工、炼焦及核燃料加工业、橡胶、塑料、非金属矿物、黑色金属冶炼、有色金属冶炼和金属制品等行业，低端技术产业包括食品加工制造、饮料、烟草、纺织、服装、皮革、木材、家具、造纸、印刷与文体用品及其他制造业。制造业三大类产业中，高端技术产业占比越大代表制造业结构高度化越高，而低端技术产业占比越大则表明制造业结构高度化越低。参照傅元海等[149]对制造业结构高度化的测度方法，以高端技术制造业总产值占中端制造业生产总值的比重（Hightech）表示制造业结构高度化①。

二是制造业结构合理化强调制造业各细分行业的协调水平、结构聚合质量及资源配置效率等[149]。我们采用制造业结构偏离度表示制造业结构合理化程度。制造业结构偏离度可用式（5-5）表示：

$$\text{Indust}=1\Bigg/\left(\sum_i\left|\frac{q_i/l_i}{q/l}-1\right|\right) \tag{5-5}$$

其中，q_i表示行业 i 的生产总值；l_i表示行业 i 的就业人数；q 和 l 分别表示制造业行业整体的总产值和总就业人数。Indusl 表示制造业结构偏离水平的倒数。在完全竞争市场中，同类生产要素没有实质性的差异[149]。因此，劳动、资本等生产要素的充分自由流动将使得各行各业的劳动生产率趋同，这时制造业各细分行业生产总值与该行业从业人员数所占比例一致，此时制造业结构偏离度为 0，结构合理化水平最高②。由于产值并不是引发劳动力流动的唯一因素，劳动报酬也是导致劳动力在产业间流动的重要原因。因此，出于对变量度量的稳健性考虑，需要将式（5-5）中的产值换成劳动报酬构建类似的指标。但受数据的可获得性限制，目前尚无法获得每个制造业细分行业的劳动报酬数据。由于主营业务收入与劳动

---

① 数据来源：1993~2014 年《中国工业经济统计年鉴》。

② 我们还用泰尔指数（Theil index）的倒数$\left(\text{Indust}=1\Big/\sum_i(q_i/q)\ln\left[(q_i/l_i)/(q/l)\right]\right)$测算了制造业结构合理化，并将其代入计量模型中进行估计。结果显示：劳动力供给变化对制造业结构偏离指数（structure deviation index）（倒数）和泰尔指数（倒数）的影响基本一致。泰尔指数和结构偏离指数都较为准确地表征了制造业结构合理化。由于篇幅所限，我们没有在本书中将以上结果列出，欢迎感兴趣的读者来函索要更为详细的检验结果。

者报酬密切相关，我们用主营业务收入近似代替劳动报酬重新测算制造业结构合理化指标，并对其进行稳健性检验。

（2）劳动力供给变化的测度。劳动力供给变化主要包括劳动力供给数量、质量与结构变化三个方面。一是劳动力供给数量（Labor），根据国家统计局标准，将15~64岁人口数界定为劳动年龄人口数，并以该年龄区间的人口总数变化作为劳动力供给数量变化的测度；二是劳动力供给质量（Labquat），一般认为，劳动者受教育程度越高，则劳动力供给质量越高，因此以人均受教育年限（Eduyears）表示劳动力质量水平；三是劳动力供给结构（Labstruc），用人口总抚养比（TFyb）表示，包括少儿抚养比（ChiFyb）和老年抚养比（OldFyb）两个方面，总抚养比越高，说明社会负担越重，劳动力供给结构越不合理。劳动力供给数量、质量和结构的数据均从历年《中国人口统计年鉴》和《中国统计年鉴》整理获得。

（3）其他变量。各省（区、市）城市化水平（Urban）用城镇人口占总人口比重表示；各省（区、市）资本存量（Capital）参考柯善咨和向娟[152]的测度方法，根据永续盘存法（perpetual inventory method，PIM）来计算；各省（区、市）历年研发经费支出（R&D）数据来自1993~2014年《中国科技统计年鉴》。由于各省（区、市）制造业发展和政府招商引资、制定优惠政策等政府干预措施密切相关，而政府干预主要表现为税收干预，各省（区、市）财政收入主要来源为税收。因此，借鉴陆铭和欧海军[153]的做法，以财政收入占GDP比重，即政府财政状况表示各省（区、市）政府对制造业发展的干预程度。我国29个省（区、市）各变量的样本统计值，见表5-1。

表5-1　我国29个省（区、市）劳动力供给和制造业结构优化等变量的样本统计值

变量	均值	标准差	最小值	最大值
制造业结构高度化（Hightech）	1.394 5	0.953 7	0.131 0	6.306 8
制造业结构合理化（Indusl）	15.173 3	7.483 5	6.534 7	69.382 1
劳动力供给数量（Labor）/万人	3 042.64	1 889.12	323.20	8 476.78
人均受教育年限（Eduyears）/年	7.762 7	1.221 0	4.689 6	12.028 4
总抚养比（TFyb）	41.146 2%	11.045 2%	8.610 0%	88.505 3%
少儿抚养比（ChiFyb）	33.291 4%	13.945 2%	9.640 0%	82.680 0%
老年抚养比（OldFyb）	10.923 3%	2.719 5%	5.227 1%	23.691 8%
财政收入占GDP比重	7.892 1%	2.755 5%	3.367 8%	19.023 6%
城市化水平（Urban）	41.515 0%	17.995 8%	12.512 2%	89.600 0%
资本存量（Capital）/亿元	3 400.484 0	4 768.891 0	82.700 0	40 278.840 0
研发经费支出（R&D）/亿元	65.550 5	148.042 1	0.038 0	1 239.575 0

第三节　计量检验与结果分析

一、计量检验

在进行面板数据计量估计之前，应先检验模型是否存在固定效应、随机效应及混合效应等，以确定合适的估计模型。表 5-2 报告了被解释变量为制造业结构合理化和制造业结构高度化的面板模型检验结果。

表 5-2　计量模型检验结果（一）

方程	检验类型	原假设	检验统计量	伴随概率	结论
式（5-3）	*F* 检验	不具有固定效应	25.78	0.000 0	拒绝原假设
	LM 检验	不存在随机效应	1 694.40	0.000 0	拒绝原假设
	Hausman 检验	采用随机效应模型	5.27	0.627 2	接受原假设
式（5-4）	*F* 检验	不具有固定效应	103.28	0.000 0	拒绝原假设
	LM 检验	不存在随机效应	2 926.37	0.000 0	拒绝原假设
	Hausman 检验	采用随机效应模型	31.35	0.000 1	拒绝原假设

表 5-2 中 *F* 统计量用以检验固定效应与混合效应，对式（5-3）和式（5-4）的检验结果均显示拒绝“不具有固定效应”的原假设，表明样本数据中存在个体效应，且误差项中不随时间变化的非观测效应部分与模型中的某解释变量相关；LM 检验用以检验随机效应与混合效应，结果中统计量大于临界值，伴随概率为 0.000 0，拒绝“不存在随机效应”的原假设，表明面板模型中存在个体效应，且随机扰动项与模型中所有解释变量无关；Hausman 检验则用于固定效应与随机效应之间的选择，但对式（5-3）和式（5-4）的检验结果迥然不同，对式（5-3）的检验结果显示接受“采用随机效应模型”的原假设，因而随机效应模型在估计中更为适合，而对式（5-4）的检验结果显示拒绝“采用随机效应模型”的原假设，因而采用固定效应模型估计更为恰当。

二、全国样本估计结果及分析

为检验各变量参数估计的稳健性，本节研究不仅报告了被解释变量为制造业结构合理化、制造业结构高度化在内的估计结果，而且报告了抚养比分解为少儿抚养比和老年抚养比时的结果，估计结果见表 5-3。

表 5-3　全国层面劳动力供给变化对制造业结构影响的初步估计结果

解释变量	被解释变量				解释变量	被解释变量			
	Indusl	Indusl	Hightech	Hightech		Indusl	Indusl	Hightech	Hightech
lnLabor	0.076 9*** （2.68）	0.071 1*** （3.12）	0.011 3 （0.66）	0.011 3 （0.67）	lnLabor （-1）	0.074 9** （2.54）	0.080 2*** （2.84）	0.011 1 （0.65）	0.011 7 （0.70）
lnEduyears	0.240 9 （0.99）	0.320 1* （1.82）	-0.353 7*** （-2.42）	-0.282 5** （-1.97）	lnEduyears （-1）	0.505 4** （2.00）	0.513 1** （2.15）	-0.267 1* （-1.76）	-0.257 7* （-1.73）
lnTFyb	-0.156 7*** （-2.78）	—	-0.047 7 （-1.61）	—	lnTFyb （-1）	-0.106 7** （-1.99）	—	-0.028 7 （-0.95）	—
lnChiFyb	—	-0.155 0*** （-4.41）	—	-0.043 6** （-2.14）	lnChiFyb （-1）	—	-0.178 3*** （-5.07）	—	-0.049 3** （-2.42）
lnOldFyb	—	-0.539 4*** （-8.31）	—	-0.208 8*** （-5.18）	lnOldFyb （-1）	—	-0.532 9*** （-7.61）	—	-0.169 7*** （-4.12）
lnGovgdp	0.154 3* （1.92）	0.101 4 （1.35）	0.139 2*** （3.29）	0.126 9*** （3.06）	lnGovgdp	0.168 9** （2.27）	0.149 8** （2.11）	0.139 1*** （3.11）	0.130 8*** （2.95）
lnUrban	0.182 3*** （3.32）	0.179 6*** （3.86）	0.049 9* （1.67）	0.057 5** （1.96）	lnUrban	0.155 8*** （2.92）	0.181 0*** （3.54）	0.042 5 （1.39）	0.052 9* （1.75）
lnCapital	-0.126 7*** （-3.02）	-0.065 7** （-2.03）	0.017 8 （0.72）	0.037 2 （1.54）	lnCapital	-0.178 5*** （-4.33）	-0.127 5*** （-3.23）	0.001 1 （1.04）	0.016 8 （0.66）
lnR&D	0.014 6 （1.37）	-0.068 0 （-1.57）	0.022 2*** （2.67）	0.028 2*** （3.42）	lnR&D	0.014 6 （0.97）	0.003 1 （1.21）	0.016 5* （1.95）	0.020 6** （2.44）
常数项	2.912 5*** （4.85）	3.050 6*** （5.92）	3.980 5*** （16.03）	4.172 0*** （18.28）	常数项	2.162 3*** （4.83）	3.202 2*** （8.15）	3.868 7*** （15.18）	4.183 4*** （17.95）
Within R^2	0.077 0	0.171 3	0.094 0	0.323 6	Within R^2	0.069 3	0.169 4	0.074 6	0.254 9

*、**、***分别表示 0.1、0.05、0.01 的显著性水平

注：lnLabor（-1）、lnTFyb（-1）、lnChiFyb（-1）、lnOldFyb（-1）、lnEduyears（-1）分别为各变量的滞后一期值；括号中数据为标准误

与此同时，为消除制造业结构与劳动力供给变化间可能存在的联立内生性问题，并对估计结果进行稳健性检验，我们还将劳动力供给数量、人均受教育年限、老年或少儿抚养比等核心解释变量的滞后一期值引入模型进行计量估计。从各劳动力供给变量滞后一期的估计结果来看，其参数估计的系数和显著性与未引入滞

后项的估计结果具有较高的一致性，说明劳动力供给变量与制造业结构合理化、高度化间的联立内生性问题并不明显，因而可采用面板固定效应或随机效应模型对式（5-3）和式（5-4）进行计量估计。

首先，分析劳动力供给数量、质量与结构影响制造业结构优化的效应。一是劳动力供给数量（lnLabor）的参数估计仅在制造业结构合理化方程中显著为正，而在其他方程中均未通过显著性检验（表 5-3）。这说明劳动力供给数量的增加有助于缓解制造业“民工荒”，有利于促进劳动力在制造业各细分行业间合理流动和优化配置，有利于推动制造业结构合理化；同时也说明，在当前我国劳动力供给数量长期趋减的情况下，制造业可能将面临日益严重的“民工荒”问题，制造业传统低劳动力成本优势不可持续，转型升级势在必行；然而，仅凭增加劳动力供给数量，很难提高我国制造业结构的高度化，即不能明显推动制造业从低端向中、高端升级。二是人均受教育年限（lnEduyears）上升显著提高了制造业结构合理化，却不利于低端与高端制造业发展（表 5-3）。这说明在当前教育体制和人才培养模式下，虽然我国人均受教育年限快速增长，但劳动力质量可能并没有同比同步上升。高等教育大众化和“千人一面”的人才培养模式下，低、中、高端劳动力可能呈现出“中间多，两头少”的现象。具体表现如下：一方面，高等教育大众化及人均受教育年限延长使受教育程度较低、肯吃苦耐劳的“蓝领”越来越少，“民工荒”日益严重，低端劳动力尤其是民工工资高涨，制造业传统优势不再，低端制造业发展举步维艰；另一方面，在“千人一面”的人才培养模式下，尽管劳动者受教育年限越来越长，研究生数量迅速增长，但具备核心竞争力的高层次创新型人才仍为数不多，尤其是“高、精、尖”的领军型人才更是凤毛麟角，导致国内科技创新能力依旧不足，制造业关键、共性技术瓶颈难破，新的技术优势难以形成，不利于高端技术制造业发展。当然，高等教育的大众化、快速化发展培养了为数众多、高不成低不就、相对成本较低的大学生，这可能在一定程度上满足了中端技术制造业发展的需求，成为促进其较快增长的重要因素。因此，在当前劳动力供给质量难以支撑制造业转型升级和结构优化的现实需要的情况下，应顺应制造业转型升级新要求，着力培养与需求相匹配的各层各类人才。三是反映劳动力供给结构状况的抚养比指标（lnOldFyb 与 lnChiFyb）的参数估计显示，老年抚养比和少儿抚养比的提高显著抑制了制造业结构合理化和制造业结构高度化。由此可见，总抚养比的上升会在一定程度上抑制制造业结构优化。尤其值得注意的是，老年抚养比的上升对制造业结构优化的抑制作用明显大于少儿抚养比。这意味着，随着我国第一个老龄人口增长高峰的到来和人口老龄化的加速，快速攀升的老年抚养比会在很大程度上增加劳动年龄人口的整体负担，不利于制造业结构优化与转型升级。

其次，探讨各控制变量对制造业结构优化的影响效应。一是政府财政状况

（lnGovgdp）对制造业结构合理化和制造业结构高度化的影响在多数情况下显著为正（表 5-3）。这说明政府财政干预越强的地区，越倾向于发展高技术产业。二是城市化水平（lnUrban）对制造业结构高度化与合理化水平的影响基本上显著为正，这表明城市化的推进有利于促进制造业结构优化。三是资本存量（lnCapital）的参数估计仅在制造业结构合理化方程中显著为负，在其他方程中均未通过显著性检验。这意味着在其他条件不变的情况下，当前我国经济体系中资本投入的边际收益率已经很低，仅凭资本投入和规模扩张已难以对制造业结构高度化产生明显的推动作用。四是研发经费支出（lnR&D）对制造业结构高度化影响显著为正，对制造业结构合理化的影响为正但不显著。这表明我国各级地方政府的 R&D 具有明显的选择性，即倾向于将 R&D 经费投向能显著优化产业结构的高端产业，而这种选择性的 R&D 投入并未对制造业结构合理化产生明显影响。

三、分地区样本估计结果及分析

我国幅员辽阔，各地区在劳动力供给、资源条件、产业结构、经济空间分布及增长模式等方面均存在较大差异，且这种差异可能会导致不同地区劳动力供给变化对制造业结构优化的影响存在不同效应。因此，我们还对东、中、西部三个地区的样本分别进行了计量估计①。估计结果见表 5-4。

表 5-4　分地区样本的估计结果

变量	东部样本		中部样本		西部样本	
	Indusl	Hightech	Indusl	Hightech	Indusl	Hightech
lnLabor	0.063 9 （1.26）	−0.019 8 （−0.81）	$-0.177\,0^{**}$ （−2.06）	$-0.102\,4^{**}$ （−2.31）	$0.081\,5^{**}$ （2.44）	$0.070\,6^{**}$ （2.46）
lnEduyears	$0.297\,9^{*}$ （1.69）	$0.153\,8^{**}$ （2.06）	$1.798\,3^{***}$ （4.05）	$0.598\,4^{**}$ （2.37）	0.157 3 （0.55）	−0.207 9 （−0.93）
lnChiFyb	$-0.105\,5^{*}$ （−1.91）	−0.004 2 （−1.16）	0.008 2 （1.11）	−0.029 3 （−0.90）	$-0.007\,3^{**}$ （−2.10）	0.033 9 （0.60）

① 我们将全国（未包括港澳台地区）分成东、中、西部三个地区。考虑到东北地区数据量小，把比较发达的辽宁并入东部地区，吉林和黑龙江并入中部地区。因此，东部地区包括北京、福建、广东、海南、河北、江苏、辽宁、山东、上海、天津和浙江 11 个省（市）；中部地区包括安徽、河南、黑龙江、湖北、湖南、吉林、江西和山西 8 个省份；西部地区包括广西、贵州、内蒙古、宁夏、青海、陕西、甘肃、四川、新疆、云南 10 个省（区）[153]。考虑到西藏相关数据存在严重缺损，未将其纳入本节研究；考虑到数据的统一性，将重庆市并入四川省。

续表

变量	东部样本		中部样本		西部样本	
	Indusl	Hightech	Indusl	Hightech	Indusl	Hightech
lnOldFyb	−0.564 8*** (−4.56)	−0.074 6 (−1.27)	−0.386 1*** (−2.91)	−0.028 1** (−2.38)	−0.104 7* (−1.85)	−0.106 8 (−1.03)
lnGovgdp	0.201 9* (1.75)	0.067 0 (1.15)	−0.166 3 (−1.24)	0.067 9 (0.92)	−0.219 4** (−1.98)	0.238 0*** (2.74)
lnUrban	0.495 9*** (4.53)	0.118 7** (2.27)	0.155 1* (1.86)	0.260 0*** (7.19)	−0.106 2 (−1.43)	−0.031 1 (−0.55)
lnCapital	−0.108 7* (−1.68)	0.117 8*** (2.79)	−0.026 0** (−2.47)	0.001 6 (1.04)	0.045 6 (0.81)	−0.019 8** (−2.46)
lnR&D	0.015 9* (1.70)	0.042 6*** (3.79)	0.027 0* (1.86)	0.031 5** (2.37)	−0.036 2** (−2.55)	0.005 5** (2.32)
常数项	2.247 1*** (2.96)	3.329 6*** (8.54)	5.433 3*** (6.05)	4.447 0*** (9.83)	2.844 1*** (5.02)	3.447 3*** (7.90)
Within R^2	0.414 0	0.221 9	0.247 7	0.334 5	0.179 7	0.165 4

*、**、***分别表示 0.1、0.05、0.01 的显著性水平

注：括号中数据为标准误

首先，重点分析劳动力供给数量、质量和结构对东、中、西部地区制造业结构优化的影响效应。一是劳动力供给数量（lnLabor）对各地区制造业结构优化的影响迥异。具体而言，劳动力供给数量影响东部地区制造业结构合理化及高度化的效应均不显著；对中部地区制造业结构合理化及高度化的影响均显著为负；而对西部地区制造业结构合理化及高度化的影响均显著为正。这说明，劳动力供给数量的增加已然不能支撑东部地区制造业结构优化升级，对中部地区制造业结构优化的促进作用也较为薄弱，但却仍是推动西部地区制造业结构优化的重要因素。因此，现阶段西部地区制造业的发展与结构优化仍离不开劳动力供给数量的支撑，鼓励西部地区外出劳动力返乡就业创业和促进西部地区劳动力就地就业，已成为西部地区制造业发展的迫切需要，更是未来宏观调控的政策取向。二是从人均受教育年限（lnEduyears）对各地区产业结构的影响来看，劳动力供给质量的提高对东、中部地区制造业结构合理化和高度化均有明显推动作用，但未对西部地区制造业结构合理化及高度化产生明显影响。这说明，人力资本积累对制造业结构优化和产业升级的正向效用明显，但和东、中部地区相比，西部地区人均受教育水平依然相对较低，劳动力供给质量上升的速度难以满足制造业结构优化的现实需要，加快西部地区教育发展，加速提升其劳动力质量水平，同时积极、有效地引进高技术人才，应成为西部地区制造业转型发展的政策取向。三是从劳动力供给结构在各地区的参数估计来看，东部地区老年抚养比（lnOldFyb）和少儿抚养比（lnChiFyb）对该地区制造业结构合理化的影响显

著为负。这说明总抚养比上升导致了该地区产业结构的低端化，不利于东部地区制造业结构合理化。中部地区老年抚养比对制造业结构合理化和高度化的影响均显著为负，这表明中部地区老年抚养比上升既不利于该地区高端制造业发展，也不利于其制造业结构合理化的提高。西部地区老年抚养比和少儿抚养比的提高并未对制造业结构高度化产生明显影响，但显著抑制了制造业结构趋于合理化。这说明，人口年龄结构变化导致的数量型人口红利损失扭曲了西部地区制造业部门间要素配置效率，严重抑制了制造业结构的合理化发展。

其次，分析各控制变量的参数估计结果。一是政府财政状况（lnGovgdp）对东、中、西部地区制造业结构合理化的影响依次显著为正、不显著和显著为负；对东、中部地区制造业结构高度化影响不显著，而对西部地区制造业结构高度化影响显著为正。这说明，政府财政状况对东部地区制造业结构优化的推动作用最为明显，而对中部地区的影响不明显；但在西部地区，政府财政状况可能不利于生产要素在制造业各行业间的有效配置，因而不利于制造业结构合理化，但却可能引导该地区制造业向高端发展。二是城市化水平（lnUrban）对东、中部地区制造业结构合理化与高度化均有显著正向影响，而对西部地区制造业结构合理化和高度化影响均不显著。这说明，随着东、中部地区新型城市化进程的推进，城市化水平提高对该地区制造业结构优化已产生明显的、较大的推进作用，但西部地区可能是因为城市化水平仍然较低、各城市之间联系不紧密，城市化尚未能发挥其对制造业集聚发展、规模发展的经济效应。三是资本存量（lnCapital）对东、中部地区制造业结构合理化的影响均显著为负，而对西部地区制造业结构合理化影响不显著；但从对制造业结构高度化的影响来看，资本存量对东部地区制造业结构高度化的影响显著为正，而对中部地区制造业结构高度化影响不显著，对西部地区制造业结构高度化影响显著为负。这表明，各地区在制造业中各产业部门的资本投入比例仍不协调，使各产业部门的产值比例和就业人员比例失衡，导致制造业结构合理化较低；此外，资本投入在东部地区倾向于高端制造业，而在中、西部地区却仍偏向于低端产业。由此可见，资本投入不但在制造业内部各部门间配置不合理，从而抑制了制造业结构合理化发展，而且在不同地区间的配置亦不够均衡，使中、西部地区制造业结构高度化明显低于东部地区。四是研发经费支出（lnR&D）投入对东、中部地区制造业结构合理化及高度化均具有明显促进作用；但在西部地区，研发经费支出投入虽然对制造业结构高度化具有显著正向影响，却不利于制造业结构合理化。这说明研发经费支出投入对东、中部地区制造业结构优化有重要推动作用，但在西部地区，在发挥研发经费支出投入对制造业结构高度化推动作用的同时，还应注意技术进步可能对劳动、资本存量的过度挤占效应，从而可能导致的制造业内部各产业间要素配置的失衡，继而可能抑制该地区制造业结构合理化的提高。

四、稳健性检验

表 5-2~表 5-4 报告了制造业结构高度化与合理化指标以制造业细分行业产值来测度的估计结果。为使估计结果更为稳健，并进一步检验制造业结构高度化和合理化指标的合理性，我们重新以各细分行业主营业务收入对制造业结构高度化和合理化指标进行测度，并将其引入计量模型，得到了表 5-5~表 5-7 的检验和估计结果，其中表 5-7 是在表 5-6 基础上引入劳动力供给等核心解释变量滞后一期后的结果。表 5-5 检验结果与表 5-2 一致，因而在稳健性检验中我们依然采用随机效应模型估计式（5-3），而采用固定效应模型估计式（5-4）。除制造业结构合理化方程中研发经费支出（lnR&D）与政府财政状况（lnGovgdp）及制造业结构高度化方程中城市化水平（lnUrban）的估计系数外，表 5-6 的 28 个（区、市）样本与分地区样本估计结果和表 5-3、表 5-4 基本一致。由于研发经费支出（lnR&D）、城市化水平（lnUrban）与政府财政状况（lnGovgdp）并非核心解释变量，且其估计系数在符号上和表 5-3 及表 5-4 一致，因而虽然其显著性略有差异，但也并不影响我们对核心问题的讨论。为检验劳动力供给变量和制造业结构优化间的联立内生性问题是否严重影响估计结果，表 5-7 报告了滞后一期劳动力供给变量对制造业结构合理化和高度化的影响。表 5-7 中各解释变量参数估计系数值及其显著性和表 5-6 的估计效果基本一致，从而说明重新以主营业务收入测算的制造业结构合理化和高度化指标替代原先以产值测算的制造业结构指标后，劳动力供给变量与制造业结构升级之间并不存在明显的内生性问题，即使变量间存在些许内生性，也不会影响主要变量参数估计效果。

表 5-5 计量模型检验结果（二）

方程	检验类型	原假设	检验统计量	伴随概率	结论
式（5-3）	*F* 检验	不具有固定效应	32.50	0.000 0	拒绝原假设
	LM 检验	不存在随机效应	1 598.36	0.000 0	拒绝原假设
	Hausman 检验	采用随机效应模型	3.68	0.532 9	接受原假设
式（5-4）	*F* 检验	不具有固定效应	103.94	0.000 0	拒绝原假设
	LM 检验	不存在随机效应	2 857.61	0.000 0	拒绝原假设
	Hausman 检验	采用随机效应模型	32.19	0.000 2	拒绝原假设

表 5-6　稳健性检验结果

变量	全国样本		东部样本		中部样本		西部样本	
	Indusl	Hightech	Indusl	Hightech	Indusl	Hightech	Indusl	Hightech
lnLabor	0.052 1* (1.92)	0.003 3 (0.18)	0.049 6 (1.13)	−0.036 2 (−1.49)	−0.013 0 (−0.18)	−0.151 2** (−3.09)	0.036 8* (1.94)	0.088 6*** (2.73)
lnEduyears	0.647 5*** (2.83)	−0.414 8*** (−2.73)	1.060 2 (2.30)	0.123 8** (2.49)	−1.835 6*** (−4.51)	0.540 1* (1.91)	0.053 6 (0.18)	−0.377 4 (−1.49)
lnChiFyb	−0.185 0*** (−5.68)	−0.035 3* (−1.68)	−0.101 4** (−2.14)	−0.001 1 (−1.04)	0.188 1*** (3.60)	−0.023 2 (−0.64)	−0.098 3 (−1.28)	−0.005 6 (−1.09)
lnOldFyb	−0.626 7*** (−9.74)	−0.225 5*** (−5.28)	−0.635 5*** (−6.00)	−0.118 6** (−2.03)	0.582 6*** (5.16)	−0.026 7 (−0.34)	−0.060 5 (−0.43)	−0.209 0* (−1.78)
lnGovgdp	0.180 5*** (2.72)	0.175 1*** (3.98)	0.310 9*** (2.97)	0.150 5*** (2.61)	−0.103 9 (−0.94)	0.158 0** (2.05)	−0.182 5** (−2.55)	0.180 0* (1.83)
lnUrban	0.178 0*** (3.80)	0.032 5 (1.05)	0.476 8*** (5.08)	0.112 3** (2.17)	0.011 5 (0.21)	0.240 2*** (6.28)	−0.028 3 (−0.37)	−0.059 2 (−0.92)
lnCapital	−0.104 9*** (−2.70)	0.039 4 (1.54)	−0.166 6** (−2.20)	0.079 7* (1.91)	0.252 9*** (4.25)	−0.012 7 (−0.31)	0.011 0 (1.19)	−0.018 8** (−2.39)
lnR&D	0.031 1*** (2.36)	0.020 2** (2.30)	0.045 6** (2.25)	0.035 3*** (3.17)	0.017 9 (0.85)	0.030 4** (2.07)	−0.031 1** (−2.32)	0.022 1** (2.23)
常数项	−3.356 8*** (−9.21)	4.331 7*** (17.90)	−1.507 6** (−2.15)	3.517 1*** (9.11)	−2.843 7*** (−3.86)	4.088 9*** (8.00)	−3.724 0*** (−6.26)	3.926 7*** (7.95)
Within R^2	0.181 0	0.313 2	0.405 9	0.185 0	0.405 2	0.323 3	0.126 2	0.187 6

*、**、***分别表示 0.1、0.05、0.01 的显著性水平

注：括号中数据为标准误

表 5-7　稳健性检验结果（劳动力供给变量滞后一期）

变量	全国样本		东部样本		中部样本		西部样本	
	Indusl	Hightech	Indusl	Hightech	Indusl	Hightech	Indusl	Hightech
lnLabor	0.041 1 (1.53)	0.004 0 (0.22)	0.042 3 (0.94)	−0.036 7 (−1.53)	−0.004 1 (−1.06)	−0.136 2*** (−2.81)	0.027 2* (1.72)	0.069 2** (2.11)
lnEduyears	0.756 7*** (3.19)	−0.322 6** (−2.04)	1.292 0*** (2.63)	0.175 5* (1.67)	−1.369 2*** (−3.48)	0.557 9** (2.02)	0.078 2 (0.25)	−0.311 8 (−1.16)
lnChiFyb	−0.179 6*** (−5.53)	−0.043 9** (−2.03)	−0.101 0** (−2.08)	−0.000 8 (−0.83)	0.173 3*** (3.40)	−0.009 5 (−0.27)	−0.080 1 (−1.06)	−0.048 0 (−0.73)
lnOldFyb	−0.618 9*** (−9.44)	−0.198 1*** (−4.54)	−0.573 1*** (−5.19)	−0.076 5 (−1.31)	0.483 4*** (4.25)	−0.033 2 (−0.42)	−0.278 4** (−1.98)	−0.213 8* (−1.75)
lnGovgdp	0.225 6*** (3.19)	0.170 6*** (3.63)	0.333 7*** (2.91)	0.155 7** (2.57)	−0.246 7** (−2.14)	0.184 2** (2.27)	−0.235 9* (−1.93)	0.138 4** (2.30)
lnUrban	0.183 3*** (3.81)	0.027 7 (0.87)	0.486 8*** (4.88)	0.123 0** (2.32)	0.012 5** (2.22)	0.243 3*** (6.14)	−0.033 1 (−0.43)	−0.064 8 (−0.96)
lnCapital	−0.151 0*** (−3.69)	0.013 5 (0.50)	−0.243 6*** (−2.91)	0.059 8*** (2.35)	0.229 6*** (3.88)	0.023 6 (0.57)	0.017 4 (0.28)	−0.011 3** (−2.21)

续表

变量	全国样本		东部样本		中部样本		西部样本	
	Indusl	Hightech	Indusl	Hightech	Indusl	Hightech	Indusl	Hightech
lnR&D	0.021 5* (1.69)	0.011 3** (2.27)	0.026 4* (1.82)	0.027 9** (2.44)	0.032 7 (1.58)	0.026 1* (1.79)	−0.034 4** (−2.43)	0.026 9** (2.33)
常数项	−3.355 5*** (−9.05)	4.319 3*** (17.48)	−1.374 9* (−1.89)	3.470 1*** (9.02)	−3.098 9*** (−4.40)	4.325 1*** (8.72)	3.823 7*** (6.51)	4.153 2*** (8.15)
Within R^2	0.414 0	0.221 9	0.374 9	0.157 7	0.432 2	0.323 2	0.151 9	0.141 4

*、**、***分别表示 0.1、0.05、0.01 的显著性水平

注：括号中数据为标准误

第四节　主 要 结 论

在未来较长一段时期内，我国人口老龄化加速、总抚养比上升、劳动力供给数量趋减、劳动者平均受教育年限延长将成为常态，这将对制造业结构调整与优化升级产生深远影响。我们利用 1992~2013 年中国省（区、市）面板数据，基于劳动力数量、质量与结构的综合视角，从全国和分地区两个层面，运用系统广义矩估计深入探讨了劳动力供给变化对制造业结构高度化和合理化的影响效应。

一方面，全国层面的实证结果显示：一是劳动力供给数量的增加有利于提高制造业结构合理化，有利于缓解制造业“民工荒”，但对制造业结构高度化影响不明显。如果不出台新的人口与计划生育政策，缓解劳动力供给紧缺问题，我国制造业将面临传统优势消减和新的竞争优势难以形成的双重压力。二是劳动力供给质量上升显著提高了制造业结构合理化和中端制造业占比，却不利于低端和高端制造业发展。当前人才培养模式下所培养的中端人才供过于求，而高端与低端人才紧缺，加剧了日益严重的大学生就业难和“民工荒”问题，拔尖创新型人才更是一将难求。三是无论老年抚养比、少儿抚养比，还是总抚养比的上升都抑制了制造业结构优化。随着我国人口老龄化的加速和全面放开“二孩”政策，总抚养比将加速上升，这都可能成为影响制造业结构优化的不利因素。

另一方面，分地区样本的估计结果表明：一是劳动力供给数量的增加仍然是促进西部地区制造业结构高度化和合理化的重要因素，但对东、中部地区制造业结构优化的影响已经不明显，应政策推动劳动密集型制造业从东、中部地区向西部地区转移。二是劳动力供给质量的提高显著促进了东、中部地区制造业结构高

度化与合理化发展，但在西部地区作用却不明显，西部地区劳动力平均受教育程度远低于全国平均水平成为制约其产业结构优化的重要因素，促进西部地区教育更快发展理应成为政策关注的重点。三是总体而言，老年抚养比和少儿抚养比上升均不利于制造业结构优化，但这种作用机制在东、中、西部地区各不相同，在东、中部地区主要表现为抑制机制，而在西部地区主要体现为倒逼机制。

第六章　新生代劳动力供给变化对制造业升级的影响研究

随着"婴儿潮"期出生人口的加速老龄化，"80后""90后"新生代劳动力逐渐成为我国的主体劳动力。然而，新生代劳动力择业行为具有典型的"去制造业化"、"高端化"和"服务化"等特征，这将对我国的制造业发展产生深刻影响。运用1995~2014年我国新生代劳动力供给和制造业细分行业数据，通过构建VAR模型，对新生代劳动力供给变化影响制造业升级的效应进行实证检验，结果发现：新生代劳动力供给数量与质量变化对低端制造业的影响显著为负，且系数较大；对中端和高端制造业的影响显著为正。这说明，随着新生代劳动力供给数量的变化和平均受教育年限的增加，低端制造业失去了传统比较优势，但却为中高端制造业的较快发展提供了良好条件。因此，要顺应新生代劳动力供给变化，通过政策顺势促推制造业向和新生代劳动力供给变化相协调的产业高端升级。

第一节　引　言

随着我国人口结构的转变和人口老龄化的加速，20世纪50~60年代"婴儿潮"期出生的人口将依次开始老龄化，而作为"80后""90后"的新生代将逐步成为劳动力市场的主体。然而，和上代劳动力相比，受核心家庭子女独生化、高等教育大众化、经济持续快速增长和人均收入水平大幅上升等多重因素影响，新生代劳动力供给数量与质量及择业行为正发生深刻变化，新生代劳动力供给已发生根本性转变，主要表现如下：新生代劳动力年均供给数量将在相当长一段时期里呈下降趋势，高等教育大众化背景下人均受教育年限的大幅延长，受高等教育人数占比加速上升，使新生代就业观念和择业行为呈明显的“去制造业化”、“高端化”和“服务化”新趋势，而制造业升级速度明显滞后于新生代中知识型劳动力占比增速，又导致大学生就业难和企业招工难的双重困境，这都将对我国的制造业发展产生深远影响[154]。

一方面，受始于 20 世纪 70 年代，严于 80~90 年代的人口和计划生育政策，尤其是严格的“一胎化”计划生育政策影响，“80 后”“90 后”新生代人口出生率与人口出生数和“50 后”“60 后”相比均呈明显下降趋势。1980~1999 年的平均人口出生率仅为 19.40%，比 1950~1969 年 33.75%的年平均人口出生率下降了 14.35 个百分点；“50 后”“60 后”出生人口总数高达 44 298.36 万人，而“80 后”“90 后”出生人口总数为 43 301.66 万人，较“50 后”“60 后”少了 996.70 万人①。这样，随着“80 后”“90 后”成为我国的主体劳动力，劳动力供给数量必将长期呈下降趋势，并将对劳动密集型制造业发展形成倒逼机制。

另一方面，自改革开放以来，我国经济社会持续、快速发展，家庭收入水平迅速提高，国家大力推进科教兴国战略，高等教育呈大众化发展新态势。在这种情况下，新生代人均受教育水平和受高等教育人数占比都迅速提高。“80 后”“90 后”新生代人均受教育年限为 11.82 年，比“50 后”“60 后”5.36 年的人均受教育年限高出 6.46 年；而新生代人口中受高等教育人数占比更是高达 21.78%，是“50 后”“60 后”（2.51%）的 8.68 倍①。随着新生代劳动力人均受教育年限的延长，我国的人力资本将得到较快积累，成为促进技术密集型制造业快速发展的原动力，将在很大程度上影响制造业升级速度。

然而，在当前我国新生代劳动力供给有利于产业升级的新条件下，制造业升级速度仍然十分缓慢，升级速度严重滞后于知识型劳动力占比增速。根据王志华和董存田的测算，我国劳动力素质正以年均 27.8%的速度提升，新生代劳动力素质提升可能更快，而制造业升级的速度却不足 2%[53]。在这种情况下，一方面，高端制造业没有得到应有的发展，不能为大学生创造有效的工作岗位，既导致了人力资源的极大浪费，又造成了愈演愈烈的大学生就业难问题；另一方面，在劳动力尤其是新生代低端劳动力供给数量迅速下降，劳动力成本急剧攀升的情况下，原本就微利的低端制造业没有适时转型升级，反而呈规模扩张趋势，既难以招到理想成本的工人，导致愈演愈烈的“招工难”和“民工荒”问题，又必将使其利润和发展空间越来越少[155]。因此，在我国新生代劳动力供给发生深刻变化的新条件下，探讨如何顺沿新生代劳动力供给变化，顺势推进制造业升级，具有重要的

① 根据历年《中国人口和就业统计年鉴》和《中国统计年鉴》数据整理和计算而得。

理论价值和现实意义。

第二节 模 型 构 建

借鉴李贤珠的分类方法，按劳动、资本与技术等生产要素对制造业各细分行业发展的贡献度等，将制造业细分行业归为低端、中端和高端制造业三类[156]。而制造业升级主要是指制造业三大类产业中，低端制造业生产总值占制造业生产总值的比重不断下降，中端制造业占比先升后降，高端制造业占比不断上升的动态过程[1]。

借鉴王正中[28]对新生代农民工的界定，我们认为新生代劳动力指 1980 年及以后出生的 15 岁及以上的适龄劳动人口数。受 20 世纪 80 年代以后核心家庭子女独生化、高等教育大众化及人均收入较快增长等多重因素影响，新生代劳动力年均供给数量较快减少，而人均受教育年限较快增加，经济社会负担相对较轻。相对 1980 年以前出生的劳动力，新生代劳动力大多具有受教育程度高、职业期望值高、物质和精神享受要求高、工作耐受力低“三高一低”的新特征，这些新特征将对制造业发展与转型升级产生深远影响。

因此，借鉴阳立高等[1]的研究成果，综合考虑新生代劳动力供给数量和质量、技术水平、资本存量等因素对制造业升级的影响，将新生代劳动力供给数量和质量、技术水平、资本存量作为解释变量，以探讨他们对制造业升级的影响效应。为了让趋势线性化，消除序列异方差和单位差异，在实证检验中采用对数形式，并构建计量模型如下：

$$S_{it} = \frac{Y_{it}}{Y} = \alpha_0 + \alpha_1 \ln L_t + \alpha_2 \ln E_t + \alpha_3 \ln P_t + \alpha_4 \ln C_t + \varepsilon_t \tag{6-1}$$

其中，i 表示制造业三大类产业（i=1，2，3）；t 表示时间（t=1995~2014 年）；S 表示制造业升级；L 表示新生代劳动力供给数量；E 表示新生代劳动力供给质量，即新生代劳动力人均受教育年限；P 表示技术水平；C 表示资本存量；α_0 和 ε_t 分别表示截距项与随机扰动项。

第三节　数据来源及处理

各变量的数据来源、数据整理和处理方法如下：

（1）制造业升级指标 S_{it}：采用制造业升级指标 S_{it} 作为被解释变量。制造业升级指标 $S_{it}=\frac{Y_{it}}{Y}$（低、中、高端制造业总产值分别占全部制造业总产值的比重）为衡量 t 时期，第 i 个产业比重的变化，S_1、S_2、S_3 分别代表低、中、高端制造业。制造业细分行业总产值数据来源于 1995~2014 年《中国工业经济统计年鉴》。为消除通货膨胀的影响，所采用工业总产值数据均以 1995 年为基期进行处理。

（2）新生代劳动力供给数量 L：根据对新生代劳动力的界定，采用 1980~1999 年每年新出生的 15 岁及以上人口数作为每年新生代劳动力供给数量。第 t 年新生代劳动力供给数量=$t-16$ 年的人口总量×$t-15$ 年的人口自然增长率。数据来源于 1980~1999 年《中国人口和就业统计年鉴》。

（3）新生代劳动力供给质量 E：用新生代劳动力人均受教育年限表示。第 t 年新生代劳动力供给质量=$t-15$ 年出生的新生代劳动力中，从小学至博士的每个学历层次的入学人数×该层次教育学制年数，将其加总后再除以 $t-15$ 年出生的新生代劳动力总人口数。数据来源于 1986~2014 年《中国教育统计年鉴》。

（4）技术水平 P：用专利申请受理数来衡量。数据根据 1995~2014 年《中国科技统计年鉴》整理而得。

（5）资本存量 C：用资本存量作为衡量行业资本的依据。我们采用永续盘存法，并以 1988 年为计算基期，借鉴张军等[157]的基期数据、折旧率与计算方法，对 1995~2014 年的资本存量进行测算。

各变量的基本统计指标值，见表 6-1。

表 6-1　各变量的基本统计指标值

变量	S_1	S_2	S_3	L/万人	E/年	P/件	C/亿元
最大值	35.47%	31.28%	47.42%	2 519.64	13.74	2 827 224.13	267 298.79
最小值	23.85%	25.91%	37.20%	1 789.22	9.40	68 880.00	25 489.20
均值	27.91%	28.62%	43.47%	2 165.08	11.66	704 752.56	99 782.52
标准差	3.39%	1.72%	2.43%	197.41	1.49	810 098.49	72 269.76

第四节　计量检验与结果分析

一、平稳性检验

在 VAR 模型中，进行脉冲响应分析的前提条件是其误差向量满足白噪声序列。因此，首先对 ln$S$、ln$L$、ln$E$、ln$P$、ln$C$ 等指标用 ADF 方法进行单位根检验，以确定各变量的平稳性，并记一阶差分为 Δ，检验结果见表 6-2。

表 6-2　ADF 单位根检验结果

变量	ADF 检验值	结论	变量	ADF 检验值	结论
$\ln S_1$	−2.728 514	非平稳	$\Delta \ln S_1$	$-5.531\ 262^{***}$	平稳
$\ln S_2$	−2.800 322	非平稳	$\Delta \ln S_2$	$-3.517\ 522^{*}$	平稳
$\ln S_3$	−2.700 134	非平稳	$\Delta \ln S_3$	$-3.974\ 043^{**}$	平稳
$\ln L$	−2.486 119	非平稳	$\Delta \ln L$	$-5.589\ 756^{***}$	平稳
$\ln E$	−1.522 263	非平稳	$\Delta \ln E$	$-4.513\ 517^{**}$	平稳
$\ln P$	−2.595 905	非平稳	$\Delta \ln P$	$-4.044\ 881^{**}$	平稳
$\ln C$	−0.892 409	非平稳	$\Delta \ln C$	$-3.424\ 178^{*}$	平稳

*、**、***分别表示 0.1、0.05、0.01 的水平上拒绝“非平稳性”原假设

从表 6-2 可以看出，各变量 S_1、S_2、S_3、L、E、P、C 通过一阶差分后，均通过了平稳性检验，可能存在协整关系。

二、协整检验

综合考虑 AIC、SC 信息标准及 LR 检验结果，确定 VAR 模型滞后期为 1，然后运用基于 VAR 模型的 Johansen 极大似然估计法对同阶单整的变量进行协整检验，检验结果见表 6-3。

表 6-3　协整检验结果

方程	原假设	迹检验		最大特征值检验	
		统计量	临界值	统计量	临界值
$\ln S_1$ 和 $\ln L$、$\ln E$、$\ln P$、$\ln C$	0	203.637 3**	79.341 45	84.405 48**	37.163 59
	1	119.231 8**	55.245 78	81.190 80**	30.815 07
	2	38.041 04**	35.010 90	20.058 42	24.252 02
	3	17.982 62	18.397 71	11.349 62**	17.147 69
	4	6.632 998**	3.841 466	6.632 998**	3.841 466
$\ln S_2$ 和 $\ln L$、$\ln E$、$\ln P$、$\ln C$	0	113.493 5**	60.061 41	54.116 50**	30.439 61
	1	59.376 97**	40.174 93	25.574 68**	24.159 21
	2	33.802 29**	24.275 96	20.173 85**	17.797 30
	3	13.628 44**	12.320 90	11.192 91**	11.224 80
	4	2.435 530	4.129 906	2.435 530	4.129 906
$\ln S_3$ 和 $\ln L$、$\ln E$、$\ln P$、$\ln C$	0	221.624 3**	79.341 45	107.338 2**	37.163 59
	1	114.286 0**	55.245 78	65.658 68**	30.815 07
	2	48.627 34**	35.010 90	28.054 18**	24.252 02
	3	20.573 16**	18.397 71	14.132 40	17.147 69
	4	6.440 753**	3.841 466	6.440 753**	3.841 466

**表示 0.05 的显著性水平

注：第 1 个序列有 2 次趋势，协整方程仅有线性趋势；第 2 个序列没有确定性趋势，协整方程没有截距；第 3 个序列有 2 次趋势，协整方程仅有线性趋势

从表 6-3 可以看出，低端制造业 S_1、中端制造业 S_2、高端制造业 S_3 分别和 L、E、P、C 各变量之间存在协整关系，协整方程及各解释变量系数，见表 6-4。

表 6-4　协整方程及各解释变量系数

变量	L	E	P	C
S_1	−5.192 879** (0.021 73)	−7.807 617** (0.031 72)	−0.173 392* (0.085 28)	−8.116 284 (0.131 91)
S_2	0.242 364*** (0.007 99)	0.258 747** (0.016 42)	−0.122 059*** (0.005 32)	0.190 941** (0.044 57)
S_3	2.269 943* (0.069 10)	3.817 431** (0.022 39)	1.045 643** (0.031 42)	2.543 947* (0.061 51)

*、**、***分别表示 0.1、0.05、0.01 的显著性水平

注：括号中数据为标准误

从表 6-4 可以看出，总体而言，除变量 C 外，L、E、P 各变量对低端制造业的影响均显著为负，且系数较大；对中、高端制造业的影响，除技术水平对中端制造业的影响显著为负外，其余均显著为正。这表明新生代劳动力供给变化对制造业升级具有明显推动作用。

首先，新生代劳动力供给数量 L 对低端制造业的影响显著为负，且系数很大；

而对中、高端制造业的影响均显著为正，且对高端制造业的正向影响效应很大。具体表现如下：新生代劳动力供给数量每增加 1%，将可能导致低端制造业占比下降约 5.19%，而使中、高端制造业占比分别上升约 0.24%和 2.27%。这说明，随着“50 后”“60 后”逐步开始退出劳动力市场，“80 后”“90 后”新生代劳动力将渐成劳动力市场主体，我国劳动力供给数量将在相当长的一段时期内呈不可逆的下降趋势，不利于过于依赖丰富而廉价的劳动力数量供给的低端劳动密集型制造业发展。更为重要的是，新生代就业意愿和择业行为的高端化，必将促进资本与技术对劳动要素的挤占，倒逼低端制造业升级，而顺推中、高端制造业发展，且对以技术密集型制造业为主的高端制造业的推动作用更为明显。

其次，新生代劳动力供给质量 E 对低端制造业的影响显著为负，且系数很高；而对中、高端制造业的影响显著为正，且对高端制造业的正向冲击更大。新生代劳动力受教育水平每提升 1 个单位，将可能导致低端制造业占比下降约 7.81%，而使中、高端制造业占比分别上升约 0.26%、3.82%。这说明，随着新生代人均受教育年限的延长，尤其是其中受高等教育人数占比的上升，新生代对工作的期望值更高，就业意愿更趋高端化，更不愿意选择低端制造业可能提供的工作条件与环境相对较差、工作比较枯燥的岗位，而更偏好高端制造业可能提供的“体面”工作。新生代择业行为“高端化”“服务化”“体面化”的不可逆趋势将可能给低端制造业带来严重的后果，这也是低端制造业企业在不断加薪的情况下仍然面临日益严重的“招工难”问题的主要原因。

再次，技术水平 P 对低、中端制造业的影响效应分别约为–0.17%和–0.12%，这说明当前我国低、中端制造业企业的专利申请可能与普遍存在重量轻质、专利转化率很低、专利的产出投入比不高等有关；技术水平对 S_3 的影响虽然为正，且很显著，但系数并不太高，约为 1.05%，也可能和当前高端制造业企业的专利结构不合理、发明专利占比低、核心关键技术突破少、科技成果转化率低等相关。随着高端制造业核心关键技术的突破，技术水平对 S_3 的正向冲击将越来越大。

最后，资本存量 C 对低、中、高端制造业的影响效应依次约为–8.12%、0.19%、2.54%，这既说明，在当前劳动力尤其是新生代劳动力供给发生深刻变化，要素禀赋逆转的新条件下，低端制造业资本投入的边际产出率已经为负，依靠大量的资本投入与规模扩张，非但难以续延生命周期已处于衰退期的低端制造业的发展，还可能加重其资本负债与经营风险，加速其退出市场；又说明，高端制造业资本投入的边际产出明显高于中端制造业，随着我国要素禀赋结构的不断变化，将可能推动制造业较快升级。

三、脉冲响应分析

由于低、中、高端制造业都和新生代劳动力供给数量与质量、技术水平、资本存量之间存在协整关系，因此，可以在 VAR 模型分析的基础上进行冲击响应分析[158]。选取广义脉冲响应函数（generalized impulse response function，GIRF）进行脉冲分析，即给定 L、E、P、C 一个标准正冲击，从而观察 S_1、S_2、S_3 脉冲响应函数（图 6-1~图 6-3）。

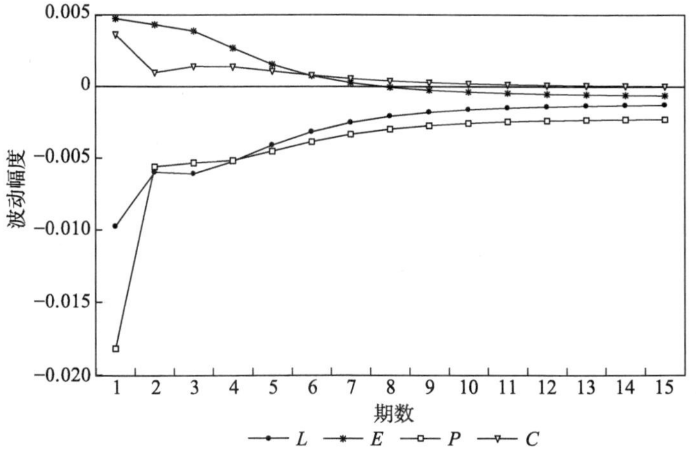

图 6-1　S_1 对 L、E、P、C 的脉冲响应

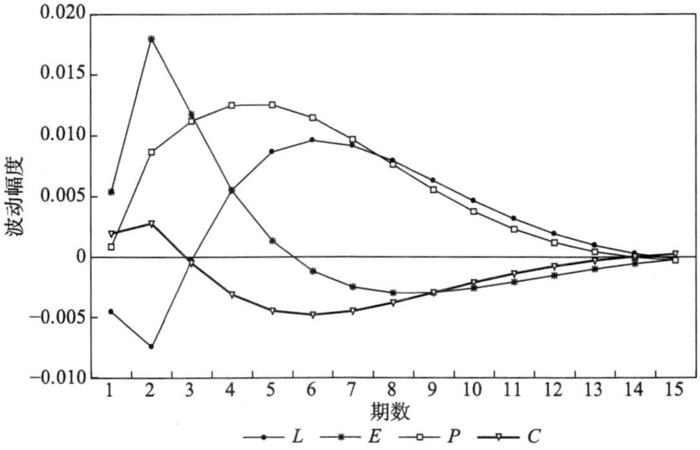

图 6-2　S_2 对 L、E、P、C 的脉冲响应

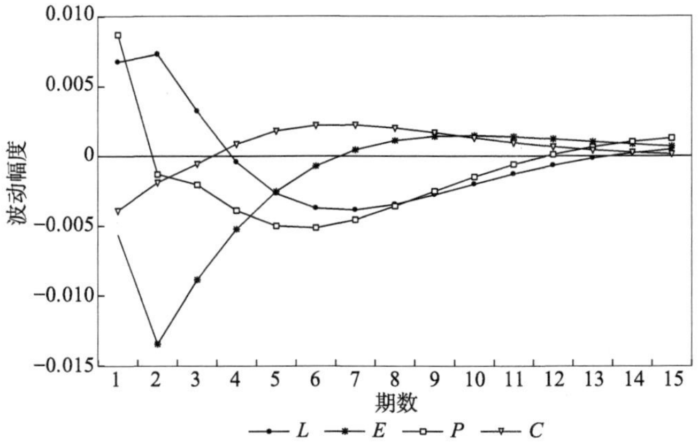

图 6-3 S_3 对 L、E、P、C 的脉冲响应

（1）制造业指标 S_i（i=1，2，3）对新生代劳动力供给数量 L 的脉冲响应，见图 6-1~图 6-3。当受到 L 的一个标准正冲击后，S_1 的增长速度一直为负；S_2 虽然短期内有小幅度的负增长，但从长期来看，却一直都是持续很高的正响应；S_3 的前 3 期为正响应，而之后却开始持续为负响应。这说明，随着新生代劳动力逐渐成为我国的劳动力主体，低端制造业已失去传统比较优势，应该加速制造业升级，重点发展中高端制造业，以适应新的劳动力结构和就业特征。

（2）制造业指标 S_i（i=1，2，3）对新生代劳动力供给质量 E 的脉冲响应，如图 6-1~图 6-3 所示。当受到 E 的一个标准正冲击后，S_1 增速开始持续下降，到第 8 期后开始持续为负增长；S_2 增速在短期内有快速跃升，但从第 2 期开始增速持续放缓，并在第 6 期以后开始为负增长；S_3 的响应正好和 S_2 的变化趋势相反。这说明，随着新生代人均受教育程度的提高，新生代“去低端制造化”和就业“高端化”的趋势将越来越明显，这对低端制造业的发展非常不利，可能导致低端制造业占比持续下降，而中端制造业在短中期内会迎来发展的契机，长期发展仍将面临不利因素；而从长期来看，高端制造业将面临前所未有的发展契机，政府应当通过政策扶持，助其度过幼年期可能面临的困难。

（3）制造业指标 S_i（i=1，2，3）对技术水平 P 的脉冲响应，见图 6-1~图 6-3。在受到 P 的一个标准正冲击后，S_1 一直是持续负增长，且短期下降幅度很大；S_2 为持续正增长，且短期内增速很快；S_3 在第一期有较大幅度增长，之后开始快速下降，整体呈下降趋势。这说明，一是技术可能会对劳动要素造成很强的挤占效应，随着我国技术水平的不断提高，低端制造业占比将不断下降；二是当前我国的技术创新可能主要仍然停留在模仿创新上，核心关键技术突破不多，导致许多中高端制造业企业通过模仿创新在短期内可能获得较大利益，但随着国外技术的升级和产品的更新换代，在国内外越来越严格的知识产权保护制度下，中、高端尤其是高端制造业，如果不能掌握核心关键技术，技术瓶颈将越来越明显，发展空间也将越来越小。

（4）制造业指标 S_i（i=1，2，3）对资本存量 C 的脉冲响应，见图 6-1~图 6-3。当受到 C 的一个标准正冲击后，S_1 的增速仍持续下降；S_2 在短期内有小幅度的增长，但中长期都为负响应；而 S_3 的响应则恰好和 S_2 相反。这也许和资本投入的长期边际收益递减规律有关，且这种规律在产业生命周期的不同阶段的作用强度也各不一样。作为在中国已处于衰退期的低端制造业，资本投入的边际收益递减强度已经很大，发展低端制造业的优势已经一去不复返；而这种规律对处于成熟期的中端制造业来说，其长期的作用强度也将明显大于对当前处于成长期的高端制造业的影响。当然，在短期内政府仍然需要通过政策扶持仍处于成长期的高端制造业的发展。

四、方差分解分析

方差分解是通过分析每一个结构冲击对内生变量变化的贡献度，以进一步测评不同结构冲击的重要性[159]。检验结果表明（表 6-5），新生代劳动力供给数量 L 及质量 E、技术水平 P 和资本存量 C 四个变量对低端制造业 S_1 的总贡献率都没有超过 10%；而 L、E、P、C 四要素对中端制造业的贡献率却为最大，到第 6 期贡献率已超过 60%，其中 L 和 E 的贡献率最大，尤其是 E，到第 5 期就已超过中端制造业自身而成为最为主要的影响因素；L、E、P、C 四要素对高端制造业的贡献率也高达 35%，远大于低端制造业，尤其是 E 因素的贡献率达到了 24%。这也表明，随着新生代劳动力供给数量与质量正发生的深刻变化，低端制造业的传统比较优势已经一去不复返，转型升级迫在眉睫；中高端制造业即将迎来良好的发展契机。理应顺应新生代劳动力供给变化，通过政策顺势推进制造业转型升级。

表 6-5　方差分解分析

变量	贡献最大期数	L	E	P	C
S_1	15	5.208 771%	2.401 084%	0.756 681%	0.296 454%
S_2	15	21.068 09%	39.291 61%	5.961 171%	0.701 758%
S_3	15	6.514 181%	24.491 76%	2.706 741%	1.028 635%

第五节 主要结论

人口结构转变背景下，随着新生代日渐成为我国的主体劳动力，新生代劳动力供给数量、质量及择业行为正发生的深刻变化，将对制造业升级产生深远影响。具体表现如下。

（1）新生代劳动力供给数量与质量对低端制造业的影响均显著为负，且系数很大，低端制造业传统比较优势已难以为继，且 P 和 C 对 S_1 的影响也显著为负，说明通过加大资本与研发投入仍难以续延低端制造业优势，需尽快转型升级。

（2）新生代劳动力供给数量与质量变化对中端制造业的影响显著为正，且脉冲响应和方差分解分析结果均表明：L、E、P、C 对 S_2 的综合正向影响效应在短中期内还很大。这表明，我国的中端制造业在短中期内仍有较大发展空间。制造业不宜采取跨越式模式直接从低端向高端升级，而更适合采取渐进式模式，从低端向中端，再向高端升级。

（3）新生代劳动力供给数量与质量变化对高端制造业的影响均显著为正，且系数较大，而脉冲响应分析结果表明，E 和 C 对 S_3 的短期影响为负，而中长期促推作用很大。说明我国高端制造业将迎来发展契机，尤其是中长期增长潜力巨大，但其中可能有很多产业仍需要运用倾斜性政策加以保护和扶持。

第七章　劳动力成本变化对制造业升级的影响研究

人口老龄化加速背景下，劳动力供给数量趋减，“招工难”与“民工荒”问题凸显，劳动力成本加速攀升，这将给我国制造业转型升级带来深远影响[160]。基于2003~2012 年中国制造业细分行业面板数据，本章对劳动力成本上升影响制造业结构升级的效应展开实证研究，结果表明：劳动力成本上升对劳动、资本、技术密集型制造业的影响分别为显著为负、显著为正、为正但不显著；劳动力成本上升已成为促进制造业结构升级的重要推手；我国劳动密集型制造业传统优势日渐消失，且通过大量的劳动、资本与 R&D 投入同样难以维系其可持续发展；当前应有机融合资本与劳动要素，重点发展资本密集型制造业，同时推进实施创新驱动发展战略，强力扶持技术密集型制造业发展。

第一节　引　　言

丰富而廉价的劳动力资源曾支撑我国制造业持续、快速发展，推动中国成为世界第一制造大国，第二大经济实体。然而，随着人口结构的快速转变和第一个老龄人口增长高峰的到来，我国劳动力供给正发生深刻变化，突出表现如下：劳动力供给在相当长的时期里首次出现且将长期延续负增长。根据国家统计局发布的《2012 年国民经济和社会发展统计公报》，2012 年我国 15~59 岁（含不满 60 周岁）的劳动年龄人口数为 93 727 万人，比上年减少了 345 万人，这是改革开放 40 多年来，我国劳动力供给绝对数量第一次出现下降[1]。这表明，相对改革开放之初，我国的要素禀赋已发生根本性逆转，原本丰裕而廉价的劳动力正变得越来越稀缺而昂贵；与此同时，在长期的人口红利与改革红利的驱动下，我国经济社会的持续快速发展和居民的高储蓄率，使原本稀缺的资本正变得越来越丰裕而廉价；此外，经过多年的知识积累和技术沉淀，我国的技术创新能力也得到了一定的提升。

一个国家或地区的产业结构是由要素禀赋和要素相对价格决定的，最优的产业结构应当和要素禀赋结构相吻合[93，94]。然而，当前我国的制造业结构却很不合理，落后于要素禀赋动态变化，形成了和生产要素错位的发展态势。

一方面，在我国劳动力尤其是低端劳动力供给曲线向下，劳动要素日益稀缺的情况下，劳动密集型制造业经过多年发展，所占比重却一直很高，对劳动力的需求量也十分庞大，且仍在不断增加，导致低端劳动力的供给与需求之间的缺口越来越大。这既增加了企业的招工难度，引发了日益严重的“民工荒”问题，又进一步加快了低端劳动力成本的上涨速度，降低了企业的利润水平，使原本微利的制造业企业要么“利润薄得像一层纸”，要么无利可图，甚至还有相当一部分是负债经营。自 20 世纪末开始，我国制造业从业人员的平均工资水平就呈不断上涨趋势，尤其是自 2004 年以来，伴随着沿海愈演愈烈继而席卷全国的“招工难”“民工荒”，我国制造业劳动力成本就一直在持续、快速攀升。我国制造业名义工资从 1998 年的 7 064 元上升到 2012 年的 41 650 元，累计增长 489.61%，年平均增长率高达 13.51%，扣除物价影响因素之后，实际工资从 1998 年的 7 064 元上升到 2012 年的 31 275 元，累计增长 342.74%，年均实际增长率为 11.21%[2，160]。而根据《2008~2014 中国制造业 500 强研究报告》，随着劳动力成本的不断攀升，我国制造业企业 500 强的利润水平呈迅速下降趋势，2014 年跌至 2008 年以来最低水平，平均利润率仅为 2.7%，其中还有 259 家利润率低于 2%，远低于世界制造业 9.3%的平均利润率。与此相对应的是，中国制造业 500 强的资产负债率呈迅速攀升趋势，2014 年整体资产负债率达到 69.43%新高[5，161]。

另一方面，在我国高端劳动力与资本供给曲线向上，技术创新能力越来越强的情况下，技术与资本密集型制造业，尤其是高新技术产业发展却仍然缓慢，占比提速严重滞后于知识型人才与资本增速，导致对高端劳动力与资本的需求和供给之间的缺口越来越大。这既使国内大量的资本投向无门，不利于创造新的竞争优势吸引 FDI，加剧了国内资本外流；又难以为中、高端人才提供合适的就业机会，导致日益严重的大学生“就业难”问题，高端人才的相对价格也很便宜，甚至出现白领不如蓝领，“学历越高、就业越难”的怪象。在高等教育大众化的背景下，我国大学毕业生人数已从 1999 年的 101 万人增至 2013 年的 699 万人，14 年间增长近 6 倍，再创历史新高[162]。但与此同时，近年来大学生就业率却一跌再跌，2013 年中国高校毕业生初次就业率仅为 71.9%，创历史新低，且平均月薪仅为 3 378 元，远低于蓝领的薪酬水平[163]。此外，近年来，随着中国传统劳动力成本优势的加速消减，国内外许多投资者也开始将目光从国内转向国外，大量的 FDI 从国内撤走转向国外市场。根据《华尔街日报》，截至 2012 年 9 月的一年时间里，就有 2 250 亿美元资金流出中国，相当于中国 2011 年 GDP 的 3%[6]。

因此，在我国劳动力成本快速上升，要素禀赋发生根本性逆转的新条件下，对劳动力成本上升及其导致的消费水平上升等对制造业结构升级的影响效应展开研究，就如何扬长避短、因势利导，通过政策导向，助推制造业结构向和劳动力成本快速上升背景下新的要素禀赋相匹配的产业高端升级进行探讨。这既有利于解决“民工荒”与大学生“就业难”的问题，又有利于提高全要素生产率与产业综合竞争力，还有助于实现新的经济发展方式，走出“十面霾伏”，建设美丽中国，从而使本章研究具有重要的理论价值与现实意义。

第二节　模型构建、数据来源及处理

一、模型构建

制造业结构升级是一个相对概念，它会随着一个国家或地区要素禀赋的不断变化而呈现出不同的特征。制造业结构升级是多重影响因素共同作用的结果，随着工资与消费水平的不断上升，企业会不断用资本与技术替换日益稀缺而昂贵的劳动，以降低成本和生产满足更高消费需求的产品来获利，劳动要素稀缺型国家或地区也会不断将劳动密集型制造业转移出去，以加速国内产业升级。当然，劳动、资本与技术等各生产要素之间也会存在相互挤占效应，且随着消费结构的不断升级，技术要素将备受关注。

因此，综合考虑劳动、资本、技术、消费、外资等因素对制造业结构升级的影响，并参考张会清和唐海燕[164]、孔伟杰[165]的研究方法，将制造业分行业从业人员工资、分行业就业人数、分行业研发强度、分行业资本存量、分行业全要素生产率、分行业人均消费水平、分行业实际利用外资额及分行业国有化程度作为解释变量，试图对制造业三大类产业结构变动做出解释[1, 159]。为使趋势线性化，消除序列异方差，在实证检验中采用对数形式，构建模型如下：

$$S_{it}=\frac{Y_{it}}{Y}=\alpha_0+\alpha_1\ln W_{it}+\alpha_4\ln \mathrm{EL}_{it}+\alpha_2\ln \mathrm{RD}_{it}+\alpha_3\ln \mathrm{CSK}_{it} \quad (i=1,2,3,\cdots,28) \qquad (7\text{-}1)$$
$$+\alpha_5\ln A_{it}+\alpha_6\ln \mathrm{CON}_{it}+\alpha_7\ln \mathrm{FC}_{it}+\alpha_8\ln \mathrm{NAT}_{it}$$

其中，i 表示行业；t 表示时间；S 表示制造业结构；W 表示分行业从业人员工资；EL 表示分行业就业人数；RD 表示分行业研发强度；CSK 表示分行业资本存量；A 表示分行业全要素生产率；CON 表示分行业人均消费水平；FC 表示分行业实际利用外资额；NAT 表示分行业国有化程度。

二、数据来源与处理

各变量的数据来源、数据整理和处理方法如下：

（1）制造业总产值、分行业工业总产值均根据 2004~2013 年《中国工业经济统计年鉴》整理获得。采用制造业结构指标 S_{it} 作为被解释变量，制造业结构指标 $S_{it}=\frac{Y_{it}}{Y}$（行业工业总产值和制造业工业总产值之比），衡量 t 时期第 i 个行业占比结构的变动情况。为剔除通货膨胀的影响，所采用的工业总产值数据均以 2003 年为基期进行处理。

（2）分行业从业人员工资（W）：直接采用制造业分行业从业人员劳动报酬数作为衡量劳动力成本的指标。数据来源于 2004~2013 年《中国人口和就业统计年鉴》。

（3）分行业就业人数（EL）：采用分行业就业人数衡量各行业的劳动密集度。各行业的“全部职工”人数，原则上按照“谁发工资谁统计”的办法进行统计，包含了所有取得工资或其他形式的劳动报酬的在岗职工。数据来源于 2004~2013 年《中国人口与就业统计年鉴》。

（4）分行业研发强度（RD）：研发强度（即 R&D 经费占销售收入的比重）可以有效反映企业的科技创新强度与技术密集度。i 行业研发强度＝i 行业当年研发经费/i 行业当年销售收入。数据来源于 2004~2013 年《中国工业经济统计年鉴》。

（5）分行业资本存量（CSK）：为更好地探索劳动力投入对资本投入的挤占效应，采用资本存量指标作为行业资本占用的衡量依据。我们使用永续盘存法对 2003~2012 年分行业资本存量进行计算。为保证该指标的准确性，以 1988 年为计算基期，基期数据、折旧率和计算方法借鉴孙琳琳和任若恩[166]的研究成果。

（6）分行业全要素生产率（A）：全要素生产率用来衡量一定时期内生产活动的效率，即总产量和全部要素投入量之比。全要素生产率的来源包括组织创新、生产创新、专业化和技术进步等，用来衡量除去所有有形生产要素以外的纯技术进步带来的生产率的增长。我们使用随机前沿生产函数模型对制造业分行业全要素生产率进行估计。

（7）分行业人均消费水平（CON）：采用分行业人均消费水平指标作为控制变量，来衡量劳动力成本上升带动的消费水平提高对产业结构升级的促进作用。分行业人均消费水平/（元/人）CON=报告期 GDP 中居民消费总额/报告期年平均人口。数据来自 2004~2013 年《中国统计年鉴》。

（8）分行业实际利用外资额（FC）：分行业实际利用外资额是指中国在和外商签订合同后，实际达到并使用的外资额。实际利用外资额 FC 相对于 FDI 更能体现各行业实际利用外资水平。我们使用 2004~2013 年《中国统计年鉴》中分行业实际利用外资额数据来衡量外资投入对产业结构的影响。

（9）分行业国有化程度（NAT）：采用分行业国有化程度指标作为控制变量，衡量制造业市场化程度、政府控制力度及垄断程度等因素对产业结构的影响效果。国有化程度 NAT 为国有企业的总产值除以所有企业的总产值。数据根据 2004~2013 年《中国统计年鉴》和《中国工业经济统计年鉴》整理获得。

第三节　计 量 检 验

一、平稳性检验

为了避免因检验方法的局限性而对检验结果产生负面影响，本章研究同时采用 LLC、IPS、ADF 和 PP 4 种方法进行单位根检验，检验结果见表 7-1。

通过比较表 7-1 中四种平稳性检验指标，发现有 9 个变量原数据有部分未能通过平稳性检验，而进行一阶差分处理后，基本都通过了平稳性检验，不存在单位根。就业人数（EL）与国有化程度（NAT）一阶差分后仅有个别指标未能通过检验，但其他几个指标值都通过了检验，并不存在单位根。因此，可以认为所有变量都是一阶单整的。

表 7-1　制造业各行业数据的平稳性检验

变量	劳动密集型制造业				资本密集型制造业				技术密集型制造业			
	LLC 检验	IPS 检验	ADF 检验	PP 检验	LLC 检验	IPS 检验	ADF 检验	PP 检验	LLC 检验	IPS 检验	ADF 检验	PP 检验
S	−11.489 1*** （0.000 0）	−1.198 3 （0.115 4）	47.802 9*** （0.005 7）	66.127 5*** （0.000 0）	−3.617 0*** （0.000 1）	−0.139 9 （0.444 4）	20.170 9 （0.323 3）	47.282 6*** （0.000 2）	−0.581 23 （0.280 5）	0.726 14 （0.766 1）	10.776 0 （0.548 2）	17.349 8 （0.136 9）
ΔS	−20.463 8*** （0.000 0）	−8.494 2*** （0.000 0）	106.247*** （0.000 0）	105.120*** （0.000 0）	−8.047 5*** （0.000 0）	−3.660 6*** （0.000 1）	50.634 3*** （0.000 1）	66.798 9*** （0.000 0）	−7.238 7*** （0.000 0）	−2.463 3*** （0.006 9）	30.378 9*** （0.002 4）	29.781 5*** （0.003 0）
$\ln W$	−3.143 7*** （0.000 8）	0.610 8 （0.729 3）	25.430 4 （0.494 7）	26.668 9 （0.426 9）	−3.297 5*** （0.000 5）	0.374 6 （0.646 0）	15.067 3 （0.657 3）	42.756 0*** （0.000 9）	−0.289 64 （0.386 0）	0.660 02 （0.745 4）	6.392 67 （0.895 0）	7.655 75 （0.811 4）
$\Delta\ln W$	−11.801 5*** （0.000 0）	−5.075 9*** （0.000 0）	79.853 0*** （0.000 0）	92.644 3*** （0.000 0）	−8.471 0*** （0.000 0）	−4.322 8*** （0.000 0）	55.907 4*** （0.000 0）	81.939 6*** （0.000 0）	−7.272 6*** （0.000 0）	−3.509 7*** （0.000 2）	37.748 0*** （0.000 2）	42.800 3*** （0.000 0）
lnEL	−3.997 3*** （0.000 0）	−0.404 8 （0.342 8）	31.985 6 （0.193 6）	32.491 6 （0.177 4）	−2.679 7*** （0.003 7）	0.465 0 （0.679 1）	15.538 6 （0.624 7）	23.984 5 （0.155 5）	−1.553 19* （0.060 2）	0.268 11 （0.605 7）	12.467 9 （0.408 9）	14.458 1 （0.272 4）
ΔlnEL	−4.282 9*** （0.000 0）	−2.228 9** （0.012 9）	46.226 5*** （0.008 6）	51.182 9*** （0.002 3）	−5.300 9*** （0.000 0）	−2.062 6** （0.019 6）	34.118 7** （0.012 2）	38.698 5*** （0.003 1）	−2.758 0*** （0.002 9）	−1.639 89* （0.050 5）	22.306 5** （0.034 2）	17.869 3 （0.119 7）
lnRD	1.022 9 （0.846 8）	1.983 5 （0.976 3）	15.327 5 （0.951 0）	13.283 4 （0.981 3）	−6.813 1*** （0.000 0）	−0.877 11 （0.190 2）	31.507 5** （0.025 1）	14.042 9 （0.726 3）	−4.763 4*** （0.000 0）	−0.347 47 （0.364 1）	16.160 9 （0.184 0）	25.305 1** （0.013 4）
ΔlnRD	−7.345 8*** （0.000 0）	−3.168 7*** （0.000 8）	60.849 8*** （0.000 1）	66.702 2*** （0.000 0）	−7.856 9*** （0.000 0）	−3.143 4*** （0.000 8）	45.372 9*** （0.000 4）	33.056 6** （0.016 4）	−10.180 9*** （0.000 0）	−4.617 4*** （0.000 0）	42.216 5*** （0.000 0）	38.550 5*** （0.000 1）
lnCSK	2.616 9 （0.995 6）	3.926 7 （1.000 0）	6.914 27 （0.999 9）	9.920 77 （0.998 1）	2.998 36 （0.998 6）	2.439 67 （0.992 6）	9.845 81 （0.936 8）	6.957 85 （0.990 5）	2.851 19 （0.997 8）	2.870 78 （0.998 0）	3.579 92 （0.989 9）	11.031 1 （0.526 3）
ΔlnCSK	−9.016 58*** （0.000 0）	−1.699 8** （0.044 6）	57.806 0*** （0.000 3）	81.636 0*** （0.000 0）	−1.624 15* （0.052 2）	1.175 43* （0.080 1）	10.597 1* （0.070 7）	26.081 7* （0.097 9）	−3.218 07*** （0.000 6）	—	22.071 6** （0.036 7）	22.542 3** （0.031 9）
A	8.305 90 （1.000 0）	1.864 7 （0.968 9）	0.1589 6 （1.000 0）	0.000 80 （1.000 0）	6.498 44 （1.000 0）	1.663 65 （0.951 9）	0.301 10 （0.999 5）	0.251 43 （0.999 7）	−25.663 4*** （0.000 0）	−5.471 6*** （0.000 0）	18.581 8*** （0.000 9）	26.207 5*** （0.000 0）
ΔA	−11.139 9*** （0.000 0）	—	80.797 0*** （0.000 0）	222.873*** （0.000 0）	−40.810 9*** （0.000 0）	—	45.705 6*** （0.000 3）	149.035*** （0.000 0）	−9.574 7*** （0.000 0）	−2.103 5** （0.017 7）	24.593*** （0.001 8）	42.981 9*** （0.000 0）

续表

变量	劳动密集型制造业				资本密集型制造业				技术密集型制造业			
	LLC 检验	IPS 检验	ADF 检验	PP 检验	LLC 检验	IPS 检验	ADF 检验	PP 检验	LLC 检验	IPS 检验	ADF 检验	PP 检验
lnCON	3.615 81 （0.999 9）	7.046 8 （1.000 0）	0.368 83 （1.000 0）	0.024 25 （1.000 0）	3.008 54 （0.998 7）	5.863 35 （1.000 0）	0.255 34 （1.000 0）	0.016 79 （1.000 0）	2.456 46 （0.993 0）	4.787 41 （1.000 0）	0.170 23 （1.000 0）	0.011 19 （1.000 0）
ΔlnCON	$-3.606\ 2^{***}$ （0.000 2）	$-3.727\ 9^{***}$ （0.000 1）	$65.852\ 7^{***}$ （0.000 0）	198.326^{***} （0.000 0）	$-3.000\ 5^{***}$ （0.001 3）	$-3.101\ 8^{***}$ （0.001 0）	$45.590\ 3^{***}$ （0.000 3）	137.303^{***} （0.000 0）	$-2.449\ 9^{***}$ （0.007 1）	$-2.532\ 6^{***}$ （0.005 7）	$30.393\ 6^{***}$ （0.002 4）	$91.535\ 1^{***}$ （0.000 0）
lnFC	$-8.024\ 7^{***}$ （0.000 0）	−0.686 2 （0.246 3）	33.920 8 （0.137 0）	$56.433\ 0^{***}$ （0.000 5）	$-2.982\ 5^{***}$ （0.001 4）	−0.236 6 （0.406 5）	21.152 6 （0.271 8）	12.304 1 （0.831 1）	$-4.939\ 6^{***}$ （0.000 0）	−0.392 78 （0.347 2）	14.865 6 （0.248 9）	$31.570\ 7^{***}$ （0.001 6）
ΔlnFC	$-11.690\ 0^{***}$ （0.000 0）	$-5.034\ 1^{***}$ （0.000 0）	$78.424\ 8^{***}$ （0.000 0）	119.527^{***} （0.000 0）	$-4.743\ 1^{***}$ （0.000 0）	$-0.045\ 25^{*}$ （0.082 0）	$17.345\ 1^{*}$ （0.099 5）	$26.332\ 4^{*}$ （0.092 4）	$-7.596\ 1^{***}$ （0.000 0）	$-3.052\ 7^{***}$ （0.001 1）	33.559^{***} （0.000 8）	$56.277\ 4^{***}$ （0.000 0）
lnNAT	$-9.701\ 5^{***}$ （0.000 0）	−1.183 3 （0.118 4）	$52.021\ 4^{***}$ （0.001 8）	$56.148\ 1^{***}$ （0.000 5）	0.498 33 （0.690 9）	1.729 06 （0.958 1）	4.912 83 （0.999 0）	11.628 9 （0.865 8）	$-5.797\ 7^{***}$ （0.000 0）	0.178 49 （0.570 8）	13.772 0 （0.315 5）	2.738 12 （0.997 1）
ΔlnNAT	$-10.762\ 9^{***}$ （0.000 0）	$-3.531\ 8^{***}$ （0.000 2）	62.221^{***} （0.000 1）	$64.690\ 7^{***}$ （0.000 0）	$-5.929\ 9^{***}$ （0.000 0）	$-2.620\ 8^{***}$ （0.004 4）	38.459^{***} （0.003 4）	$38.681\ 6^{***}$ （0.003 1）	$-7.649\ 2^{***}$ （0.000 0）	$-2.338\ 6^{***}$ （0.009 7）	27.228^{***} （0.007 2）	16.573 1 （0.166 4）

*、**、***分别表示 0.1、0.05、0.01 的水平上拒绝“非平稳性”原假设

注：括号中数据表示标准误

二、协整检验

我们采用 Pedroni 检验和 Kao 检验两种方法做两组协整性检验。第一组是对 S、lnRD、ln$W$、lnCSK、lnEL、A、lnCON 进行协整检验，发现在劳动密集型制造业面板数据中，只有 Kao 检验未能通过检验。根据 Pedroni 检验结果，各统计量基本都在 0.01 水平上拒绝了原假设，证明变量之间存在协整关系。第二组是对 S、lnRD、ln$W$、A、lnCON、lnFC、lnNAT 进行协整检验，发现 Panel rho-Statistic 和 Panel PP-Statistic 结果表现较好，都在 0.01 水平上拒绝了原假设，证明变量之间存在协整关系。Panel v-Statistic 和 Panel ADF-Statistic 结果则出现了个别未通过检验的情况。而 Kao 检验都在 0.1 和 0.05 与 0.01 水平上拒绝了原假设，因此这几个变量之间存在协整关系，具体见表 7-2。

表 7-2　面板数据的协整性检验结果

类别	检验方法		S、lnRD、ln$W$、lnCSK、lnEL、A、lnCON		S、lnRD、ln$W$、A、lnCON、lnFC、lnNAT	
			非加权	加权	非加权	加权
劳动密集型制造业	Pedroni 检验	Panel v-Statistic	−3.884 08***	−4.683 817***	−3.014 613**	−5.269 307***
		Panel rho-Statistic	4.133 449***	4.189 509***	6.255 172***	5.413 113***
		Panel PP-Statistic	−20.971 65***	−25.383 72***	−9.022 978***	−24.376 87***
		Panel ADF-Statistic	−7.027 003***	−6.946 134***	−0.614 221*	−5.751 404***
		Group rho-Statistic	5.866 820***	—	6.975 008***	—
		Group PP-Statistic	−28.814 63***	—	−25.494 92***	—
		Group ADF-Statistic	−7.920 628***	—	−5.926 522***	—
	Kao 检验	—	1.159 437	—	1.279 530*	—
资本密集型制造业	Pedroni 检验	Panel v-Statistic	−3.671 337***	−4.215 893***	−2.707 157*	−1.618 029
		Panel rho-Statistic	4.048 046***	4.868 644***	4.223 530***	4.360 247***
		Panel PP-Statistic	−10.991 66***	−13.266 96***	−4.391 19***	−12.539 91***
		Panel ADF-Statistic	−5.992 6***	−2.878 371*	−2.840 059***	−4.833 27***
		Group rho-Statistic	5.864 621***	—	5.498 443***	—
		Group PP-Statistic	−19.409 53***	—	−24.120 12***	—
		Group ADF-Statistic	−3.523 897***	—	−5.333 346***	—
	Kao 检验	—	−3.236 235***	—	1.758 025*	—

续表

类别	检验方法		S、lnRD、ln$W$、lnCSK、lnEL、A、lnCON		S、lnRD、ln$W$、A、lnCON、lnFC、lnNAT	
			非加权	加权	非加权	加权
技术密集型制造业	Pedroni 检验	Panel v-Statistic	−3.091 32***	−3.323 933***	−1.368 097	−3.315 026***
		Panel rho-Statistic	4.061 303***	3.901 035***	3.494 379***	3.343 341***
		Panel PP-Statistic	−14.225 52***	−15.937 27***	−1.940 622***	−13.088 66***
		Panel ADF-Statistic	−1.884 418*	−2.869 764*	−1.263 79	−5.239 624***
		Group rho-Statistic	4.830 309***	—	4.525 288***	—
		Group PP-Statistic	−19.025 66***	—	−14.440 15***	—
		Group ADF-Statistic	−3.734 978***	—	−3.180 181***	—
	Kao 检验	—	−2.575 467***	—	2.388 459**	—

*、**、***分别表示 0.1、0.05、0.01 的水平上拒绝不存在协整关系的原假设

第四节　估计结果与分析

一、估计结果

进行计量估计前，首先要选择适宜的面板估计方法。通过 F 检验和 Hausman 检验法识别适宜的面板估计模型，检验结果显示，F 检验和 Hausman 检验均拒绝“混合效应”和“随机效应”原假设。因此，应选择固定效应模型进行估计，估计结果见表 7-3。

表 7-3　制造业三大类产业固定效应面板回归结果

变量	劳动密集型制造业	资本密集型制造业	技术密集型制造业
ln$W$	−0.013 8** （0.045 0）	0.004 6** （0.017 0）	0.007 3 （0.139 0）
lnEL	0.005 2* （0.060 0）	0.018 7** （0.021 0）	0.010 9 （0.383 0）
lnRD	−0.007 2 （0.227 0）	−0.008 5*** （0.008 0）	0.016 1*** （0.003 0）

续表

变量	劳动密集型制造业	资本密集型制造业	技术密集型制造业
lnCSK	0.003 1 （0.148 0）	0.007 2* （0.057 0）	0.016 4*** （0.008 0）
A	−0.047 6*** （0.000 0）	−0.066 1 （0.389 0）	0.032 2*** （0.002 0）
lnCON	−0.016 5* （0.054 0）	0.044 9** （0.032 0）	0.027 6** （0.043 0）
lnFC	0.007 4*** （0.004 0）	0.002 9* （0.085 0）	−0.002 8* （0.062 9）
lnNAT	0.004 6*** （0.000 0）	0.004 0 （0.402 0）	0.015 5*** （0.001 0）
常数项	0.282 6*** （0.000 0）	−0.007 1 （0.974 0）	−0.449 1** （0.047 0）
样本量	130	90	60
R-sq	0.348 0	0.591 6	0.784 3
Prob>*F*	0.000 0	0.000 0	0.000 0
模型	固定效应	固定效应	固定效应

*、**、***分别表示 0.1、0.05、0.01 的显著性水平

注：括号中数据表示标准误

二、结果分析

（1）劳动力成本对劳动、资本与技术密集型制造业的影响效应。分行业从业人员工资 *W*，即劳动力成本对劳动密集型制造业的影响系数较大且显著为负，对资本密集型制造业的影响系数显著为正，而对技术密集型制造业的影响为正但不显著。具体表现如下：一是劳动力成本上升会对劳动密集型制造业产生严重的负面冲击，工资每上涨 1%，该类产业占比将下降约 1.38%。说明劳动密集型制造业对廉价劳动力的依赖程度很大，日益攀升的劳动力成本将不断降低原本就微利的劳动密集型制造业的利润空间、竞争力与所占比重。分行业人均消费水平 CON、分行业研发强度 RD、分行业资本存量 CSK 对劳动密集型制造业的影响效应分别为−1.65%、−0.72%、0.31%，也说明随着工资的上涨及由此带动的储蓄增加与消费升级，劳动密集型制造业的传统优势已不复存在，其资本投入的边际产出率已经很低，还将不断下降，且通过加大 R&D 与资本投入同样不能逆转趋势，甚至还可能增加生产运营成本，加速其退出市场。二是劳动力成本上升有利于推动资本尤其是技术密集型制造业发展，工资每上涨 1%会使资本与技术密集型制造业

占比分别上升约 0.46%、0.73%。这表明随着劳动力成本的不断上升，劳动将不断被资本与技术所替代，各生产要素将不断涌向高端制造业，促进制造业结构升级。分行业资本存量 CSK 对资本与技术密集型制造业的影响效应分别为 0.72%、1.64%，远大于对劳动密集型制造业 0.31%的影响，也说明在工资不断上涨的情况下，投资者将会越来越重视高端产业。此外，分行业人均消费水平 CON 对资本与技术密集型制造业的影响均显著为正，且拉动效应很大，分别高达 4.49%、2.76%，说明工资上涨引致的消费升级已成为拉动我国制造业结构升级的重要力量。而消费水平对资本密集型制造业 4.49%的强力影响远高于对技术密集型制造业的 2.76%，则说明当前我国的整体消费水平仍处于中等偏低的阶段，消费主力仍处于从低端工业品向中端工业品消费的转移过程之中，对劳动密集型工业品消费量的减少更多地被转移到资本密集型产业部门。

（2）劳动力数量对劳动、资本与技术密集型制造业的影响效应。分行业就业人数 EL，即劳动力供给数量变动对劳动、资本、技术密集型制造业都具有正向推动作用，但差异很大，分别为 0.52%、1.87%、1.09%。这表明，一是劳动密集型制造业劳动要素投入的边际产出率仅为 0.52%，说明我国发展劳动密集型制造业已不具备传统优势，依靠大量的劳动力投入难以继续维系制造业的可持续发展；二是资本密集型制造业劳动要素投入的边际产出效应高达 1.87%，且高于技术密集型制造业的 1.09%，说明当前劳动要素投入对资本密集型制造业发展的促进作用很大，劳动和资本的有机融合是当前促进我国经济持续快速发展的重要推手，我国制造业要实现转型升级，仍然要充分发挥人口基数大、劳动力素质较快提升与资本相对丰裕的优势；三是技术密集型制造业劳动要素投入的边际产出效应为 1.09%，说明当前就业人数变动对技术密集型制造业发展的影响并不明显，其发展主要靠技术进步及其他生产要素的投入来推动。

（3）其他控制变量对制造业升级的影响。一是分行业研发强度 RD 对资本密集型制造业的影响为-0.85%，这可能和当前我国科技体制不合理、研发效率和科技成果转化率低等相关；但对技术密集型制造业的影响效应高达 1.61%，说明当前科技进步已成为促进我国高技术产业发展的核心动力。分行业全要素生产率 *A* 对三大类产业的影响和分行业研发强度 RD 相似。二是分行业实际利用外资额 FC 对三大类制造业的影响效应分别为 0.74%、0.29%、-0.28%，说明新时期 FDI 对中国制造业的促进作用已不明显，外商紧紧控制着核心、关键技术，难以通过 FDI 提升制造业的技术水平与利润空间，外商对技术密集型制造业的介入甚至还可能阻碍技术进步与产业发展。三是分行业国有化程度 NAT 对三大类制造业的影响系数分别为 0.46%、0.40%、1.55%，这说明政府与市场的关系有待进一步划清，政府应重点关注部分尚属于幼稚产业期的技术密集型制造业，而对已经成熟的产业，应全面放手。

第五节 主要结论

（1）劳动力成本上升及消费结构升级有利于倒逼劳动密集型制造业升级或退出市场。随着工资的快速上涨及其导致的消费结构升级与低档工业品市场萎缩，中国劳动密集型制造业的传统优势日渐消失，且通过大量的劳动与资本存量投入同样难以维系其可持续发展，加大 R&D 投入也不能提升竞争力，甚至还可能增加成本，加速其退出市场。

（2）劳动力成本上升有利于促进资本与技术密集型制造业快速发展。一是劳动力成本上升必然导致资本与技术要素替代劳动，引导生产要素从劳动密集型依次向资本、技术密集型制造业流动。二是工资上涨会推动市场需求依次从低档向中、高档转变，拉动制造业升级。三是工资上涨会促进企业强化 R&D 投入与技术创新，推动制造业结构升级。

（3）在当前中国资本存量相对丰裕，劳动力供给总量仍然很大，但劳动力成本快速上升，技术优势尚难形成，消费结构升级，总体水平仍然不高的情况下，要充分促进资本与劳动要素的有机融合，重点发展资本密集型制造业。与此同时，如何通过完善科技创新体制，提高研发效率与科技成果转化率，提升产品科技含量与利润水平，值得思考。

（4）随着中国工资水平的不断上升，消费与市场需求这对最大的增长发动机将不断驱动制造业结构升级，成为推进制造业升级的重要力量。消费水平对制造业升级的影响效应明显大于其他因素，也说明了这一点。因此，在我国财富总量迅速增加，收入差距仍然很大的情况下，探讨如何促进收入公平，提高整体收入与消费水平，很有必要。

（5）要顺应要素禀赋动态变化，顺势推进制造业升级。改革开放之初，我国资本与技术稀缺，但劳动力可无限供给；时至今日，资本已得到有效积累，技术也获得一定进步，但原本丰裕的劳动力却日渐稀缺，资本与技术正替代劳动成为制造业增长新的源泉。因此，探讨如何紧扣要素禀赋动态变化，科学升级制造业，成为研究的重点。

第八章　人力资本与技术进步对制造业升级的影响研究

推进制造业转型升级，关键在于技术进步，根本在于人力资本积累[167]。然而，在高等教育大众化背景下，虽然我国人均受教育年限有了较快增长，但当前教育体制和人才培养模式下，高技术技能人才与高层次创新型人才却仍然不足，拔尖型、领军型科技人才更是凤毛麟角，人力资本尚未得到应有的积累，科学技术水平仍然不高，尤其是核心、关键技术攻关能力严重不足，成为制约制造业升级的瓶颈。基于 1990~2014 年分地区制造业细分行业面板数据，本章运用 FGLS 模型对我国人力资本与技术进步影响制造业升级的效应进行了实证检验，结果表明：人力资本积累和技术进步对制造业升级均有明显的促进作用，但作用效果具有明显的地域差异。人力资本与技术进步对东、中、西部地区制造业升级的影响效应呈现出由强到弱，逐步变小的变化趋势；且无论是从全国还是分地区层面来看，人力资本与技术进步对制造业升级的推动作用都相对较小，制造业升级的速度明显滞后于人力资本积累和技术进步的速度。因此，探讨如何更有效地发挥人力资本与技术进步促进制造业升级的效用，应成为政策关注的重点。

第一节　引　　言

产业升级主要是指随着科学技术的进步与新技术的开发采用，高科技含量、高附加值、高品质、低能耗、低污染的新产品与新工艺不断替换与取代原有较低层次的产品与工艺，实现产品与工艺的更新换代，推动经济社会持续、快速发展的动态过程[168]。产业升级的原动力是技术进步与新技术的开发应用，主要内容是产品与工艺的更新换代，表现形式为新产品、新产业、新业态的不断涌现和旧产品不断退出市场，原有产业形式不断消亡[169]。

美、日、欧等发达国家与地区的工业化进程、产业结构调整与转型升级的经验表明，随着一个国家或地区人均受教育年限的增长，人力资本会得到有效积累，技术创新能力也会得到有效提高，产业能够实现转型升级，产业结构能够得到优化调整[170]。然而，近年来，虽然我国人均受教育程度有了很大提高，以专利申请量表示的技术水平似乎也有了较大提高，但制造业结构调整与转型升级却仍然停滞不前，升级速度非常缓慢，远远滞后于人均受教育年限增速和以专利申请量表示的技术水平上升速度，并引起了政府和社会各界的广泛关注。

科教兴国战略大背景下，一方面，以人均受教育年限为表征的人力资本水平得到较快提升[168]。近年来，随着我国教育事业的加速发展，我国人均受教育年限，尤其是新生代劳动者人均受教育年限大幅提升。我国人均受教育年限在 1990 年仅为 6.26 年，到 2014 年达到了 9.34 年；“80 后”“90 后”新生代劳动力人均受教育年限在 2014 年则达到了 12.53 年。东部一些发达地区人均受教育年限更高，如北京、上海 2014 年分别达到了 12.3 年、11.1 年，接近发达国家水平；东部地区新生代人均受教育年限更高，于 2014 年达到了 13.86 年，其中北京、上海更是高达 16.4 年、15.2 年，已经超过了当前美国（13.4 年）、法国（13.1 年）和日本（11.1 年）的人均受教育年限[171]。

另一方面，以专利申请量为表征的技术水平获得较大提高。近年来，随着科技强国战略、创新驱动发展战略、“中国制造 2025”等一系列以推动科技创新为根本目标的国家重大发展战略的实施，我国科学技术获得稳步发展，以专利申请量为表征的科技水平也得到稳步提升。2014 年我国专利申请量为 2 210 616 件，其中发明专利数为 928 177 件，分别为 1990 年专利申请量 36 585 件、发明专利数 5 832 件的 60 倍、159 倍。根据世界知识产权组织发布的 2015 年度《世界知识产权指标》，2014 年全世界总计提交了约 270 万件发明专利申请，其中中国提交的发明专利申请量为 928 177 件，连续四年位居全球第一，并且超过全球排名第二的美国 578 802 件和排名第三的日本 325 989 件的总和。由此可见，中国已经成为全球名副其实的专利申请大国和知识产权大国。

然而，在我国人均受教育年限得到较快增长，技术水平也得到明显提高的情况下，制造业结构调整与转型升级的情况却并不理想。产业结构经过多年的优化调整与转型升级，2014 年我国技术密集型制造业生产总值占制造业总产值比重仍仅为 31.23%，不仅低于资本密集型制造业 37%的比重，甚至还低于劳动密集型制造业 31.76%的比重，较 1990 年的 20.13%只提高了 11.1 个百分点，更严重的问题是，较 2003 年 34.02%的比重反而下降了 2.79 个百分点，和 2000 年 30.56%的水平相差无几。这似乎表明，自 2000 年以来，我国技术密集型制造业比重不升反降，制造业结构调整与转型升级收效甚微，这和美、日、欧等发达国家的经验事实相差甚远。

那么，在以人均受教育年限为表征的人力资本水平和以专利申请量为表征的科学技术水平得到较快提升的情况下，为什么我国制造业没有以相应的速度实现转型升级？是什么因素影响了人力资本积累与技术进步对制造业升级的推动作用？如何才能有效地发挥人力资本积累与技术进步对制造业升级的促进作用？这些问题值得我们深入思考和分析。本章研究旨在解答这些问题上做出有益探讨。

第二节　理论分析与模型构建

一、理论分析

推进制造业转型升级，原生动力是技术进步，内在基础是人力资本积累。人力资本是实现经济增长的关键因素，是推动科技进步的内在动力，更是促进产业转型升级的内在基础[172]。人力资本水平的提高将通过影响要素禀赋结构变化、收入水平、消费结构、就业偏好、技术创新能力、经济增长等因素，多途径、多渠道作用于制造业升级；而技术进步更是驱动制造业升级的根本动力，可以通过作用于产品与工艺的更新换代、要素禀赋结构变化、产业间相对成本变化等，直接作用于制造业升级；此外，人力资本积累与技术进步还会交互影响、相互促进，共同作用于制造业转型升级。

（1）人力资本积累影响制造业升级的理论分析。具体包括以下几个方面：一是人力资本积累通过影响择业行为作用于制造业升级。人力资本积累过程就是通过教育、培训、学习、实践等途径，加快劳动者的知识、技术、技能、智力、能力、素质等不断提升的过程。随着人力资本的不断积累，凝聚在劳动者身上的知识能力、技术技能、综合素质等不断提升，就业理念、就业期望、择业行为也会随之改变，且主要表现为偏好工作条件与环境相对更好、发展潜力与空间更大、知识能力可得到更有效发挥，且薪酬待遇总体更高的高端产业部门，从而引发人力资本及相关要素不断从低端向高端产业部门流动，继而驱动制造业转型升级[173]。二是人力资本积累通过影响收入水平与消费结构作用于制造业升级。人力资本水平，即知识能力与技术技能水平，是影响收入与消费水平的决定性因素。总体而言，一个国家或地区的人力资本积累速度越快，人力资本水平越高，其人均收入与消费水平也越高。根据需求层次理论与需求相似理论，人均收入水平越高的国家与地区，人们在满足了较低层次的生理需求与安全需求之后，就会追求更高层次的尊重需求与自我实现，就越偏好产品的个性化与多样化，对产品质量、风格、档次等的要求也会越来越高，消费与需求结构随之升级，继而驱动产业转型升级。

（2）技术进步影响制造业升级的理论分析。具体包括以下几个方面：一是技术进步通过促进产品与工艺的更新换代推动制造业升级。随着科学知识的积累与技术创新能力的增强，新技术、新工艺将得到不断开发与运用，并促成科技含量更高、品质更好、功能更强、设计更美观、样式更丰富，能满足人们更高要求的高端产品，逐步取代原有产品走入市场，便实现了产品与产业的转型升级。二是科技进步带来的新技术、新工艺的开发与运用，往往可以极大地优化生产流程与生产工艺，大幅提高劳动生产率，提高投入产出比，即等量的投入获得更大的产出，或等量的产出投入更少，生产成本更低。由于不同产业部门的技术创新能力存在较大的差异，技术水平提高的速度各不一样，各产业部门的劳动生产率及其提升速度也各不相同。这样，各产业间的相对成本就会随着各产业不同的技术水平及技术进步速度而发生变化，导致高技术、高生产率、高利润、低成本产业部门的不断扩张和低技术、低生产率、低利润、高成本产业部门的逐步萎缩，继而驱动产业转型升级。

（3）人力资本和技术进步交互影响制造业升级的理论分析。具体包括以下几个方面：一是人力资本积累与技术进步通过改变要素禀赋结构作用于制造业升级。人力资本与技术创新是当今知识经济时代推动产业发展与转型升级，实现经济平稳较快增长最关键、最重要，也是最富有活力的生产要素。更重要的是，不同于物化资本边际效益递减，人力资本与技术要素均具有边际收益递增的优势，是驱动产业升级与经济增长的高级要素。因此，无论是人力资本的积累，还是技术水平的提高，都将导致人力资本存量或技术要素对劳动、资本、土地及其他原材料等生产要素的替换，实现高级生产要素对低端生产要素的替代，继而驱动制造业升级。二是人力资本积累通过作用于技术进步影响制造业升级。人力资本既是科技创新的主体，又是科学技术传播与成果产业化的主体。人力资本积累速度越快，技术水平越高，科学技术传播就越快，科技成果转化率也就越高。三是技术进步会通过改变要素收益结构促进人力资本积累，继而作用于制造业升级。随着科学技术的不断进步，新产品、新工艺将不断取代原有的产品与工艺。根据生命周期理论与技术创新理论，新产品、新工艺一旦商业化成功，往往能够带来更大的发展空间和高得多的利润额。由于技术的外溢性，将吸引更多企业与个人加大人力资本投入，通过教育、培训、学习，以尽快掌握新技术、新工艺、新产品研制方法，而这一过程也会极大地促进人力资本积累，继而驱动新一轮的技术创新与产业转型升级。

二、模型构建

理论上而言，人力资本积累与技术进步都会对制造业升级产生明显的推动作用。因此，本书研究用 S 表示制造业升级；Eduyears 表示人力资本；Patent 表示技术进步，则制造业升级可以用人力资本、技术进步的函数形式来表示为

$$S = f\left(\text{Eduyears}, \text{Patent}\right) \tag{8-1}$$

此外，现有学者普遍还认为，影响制造业升级的重要因素还包括城市化水平、FDI 等。因此，综合考虑现有相关研究成果和数据的可获得性及检验结果的合理性，本书研究以 Urban 表示城市化水平，FDI 表示外商直接投资，从而重新将计量方程调整为

$$\ln S_{it} = \theta_0 + \theta_1 \ln \text{Eduyears}_{it} + \theta_2 \ln \text{Patent}_{it} + \gamma_1 \ln \text{Urban}_{it} + \gamma_2 \ln \text{FDI}_{it} + \xi_{it} \tag{8-2}$$

其中，i 表示三次产业（i =1，2，3）；t 表示时间（t =1990~2014 年）；θ_0 表示常数项；$\theta_{1\sim2}$ 和 $\gamma_{1\sim2}$ 表示相应的弹性系数；ξ_{it} 表示随机误差项，以反映其他未知因素对制造业升级的影响。

第三节　数据来源与处理

本章研究样本为 1990~2014 年 31 个省（区、市，不含港、澳、台），数据来源于 1991~2015 年《中国统计年鉴》和 31 个省（区、市，不含港、澳、台）的统计年鉴、《中国人口与就业统计年鉴》与《中国科技统计年鉴》。下面是相关变量和测度的说明。

（1）制造业升级指标 S_i。本章研究按照国家统计局对制造业细分行业的分类标准，将制造业分为 31 个细分行业。并在此基础上，借鉴阳立高等[1]关于制造业三大类产业分类的研究成果，最终将制造业分为劳动、资本、技术密集型制造业三大类型，并用制造业升级指标 S_i 作为被解释变量，i=1，2，3，分别表示劳动、资本、技术密集型制造业。制造业升级指标 S_i 的值为制造业三大类产业工业生产总值 S_m 和制造业工业总产值 $S_{总}$ 的比值，其计算公式如下：

$$S_{总} = \sum_{i=1}^{m}\sum_{j=1}^{n} S_{ij}\left(i = 1,2,3; j = 1,2,\cdots,n\right) \tag{8-3}$$

$$S_m = \sum_{j=1}^{n} S_{ij}\left(m = i = 1,2,3; j = 1,2,\cdots,n\right) \tag{8-4}$$

$$S_i = \frac{S_m}{S_{总}}(i = m = 1,2,3) \tag{8-5}$$

式（8-3）~式（8-5）中，$m=i=1$，2，3，分别表示劳动、资本、技术密集型制造业；j 表示制造业 31 个细分行业；S_m 分别表示劳动、资本、技术密集型制造业工业生产总值；$S_{总}$ 表示制造业工业总产值；S_{ij} 表示制造业 31 个细分行业产值。本章研究用 S_1、S_2、S_3 分别代表劳动、资本、技术密集型制造业。

（2）人力资本 Eduyears 的测度。人力资本通常是指经过教育、培训、学习而凝聚在劳动者身上的，能够创造经济社会价值的知识、技术技能、能力与素质的总和，是影响产业升级与经济增长的主要因素[174]。人力资本水平更多的是采用人均受教育年限来衡量。一般认为，劳动者人均受教育年限越长，人力资本水平越高。劳动者人均受教育年限计算公式如下：

$$\text{Eduyears} = \frac{\text{ST}_1 \times 6 + \text{ST}_2 \times 3 + \text{ST}_3 \times 3 + \text{ST}_4 \times 3 + \text{ST}_5 \times 4 + \text{ST}_6 \times 3 + \text{ST}_7 \times 4}{N} \tag{8-6}$$

其中，$\text{ST}_{1\sim7}$ 分别表示小学、初中、高中、大专、本科、硕士与博士当年的入学人数，所乘数字为当年相应学历规定的学制学年数，例如，小学学制为 6 年，N 为 6 岁及以上人口数。数据来源于 1991~2015 年《中国教育统计年鉴》和《中国人口与就业统计年鉴》。

（3）技术进步 Patent 的测度。专利申请量或授权量一般能较好地反映一个国家或地区的技术进步状况或科学技术水平。一般认为，专利申请量或授权量越多，技术进步越快，技术水平越高。考虑到专利授权量相对技术进步来说具有一定的滞后性，因此，参照 Acs 和 Audrestsch[175]的做法，本章研究采用专利申请量来衡量技术进步状况，数据来源于 1991~2015 年《中国科技统计年鉴》。

（4）其他变量。一是城市化水平 Urban，用各省（区、市）城镇总人口数除以总人数得到，数据来源于 1991~2015 年《中国统计年鉴》；二是 FDI，用外商直接投资表示，我国及 31 个省（区、市，不含港、澳、台）FDI 数据，也可以从历年《中国统计年鉴》中获取。我国 31 个省（区、市，不含港、澳、台）各变量的样本统计值，具体见表 8-1。

表 8-1　人力资本、技术进步和制造业升级等变量的样本统计值

变量	均值	标准差	最小值	最大值
劳动密集型制造业 S_1	3.397 8	0.374 1	2.111 6	4.201 7
资本密集型制造业 S_2	3.700 4	0.365 6	2.600 0	4.414 2
技术密集型制造业 S_3	3.065 7	0.574 8	1.448 6	4.183 9
人均受教育年限 Eduyears/年	2.003 6	0.234 9	−0.251 8	2.509 8
专利申请量 Patent/件	8.174 9	1.865 5	0.693 1	13.131 3

续表

变量	均值	标准差	最小值	最大值
城市化水平 Urban	3.570 5%	0.493 7%	2.506 1%	4.495 4%
外商直接投资 FDI/亿美元	0.416 43	0.227 02	−0.693 24	0.818 20

第四节　计量检验与结果分析

一、计量检验

在进行面板数据计量估计之前，需要先通过 *F* 检验、LM 检验、Hausman 检验、Wooldridge 检验与 LR 检验等相关面板数据模型检验，对模型是否具有固定效应、是否存在随机效应及混合效应进行判定，并确定是否存在自相关、异方差及内生性等问题，以确定所要选取的估计模型。表 8-2 报告了被解释变量为制造业升级（劳动、资本、技术密集型制造业）时的面板模型检验结果。

表 8-2　计量模型检验结果

类型	检验类型	原假设	检验统计量	伴随概率	结论
劳动密集型制造业	*F* 检验	不具有固定效应	40.52	0.000 0	拒绝原假设
	LM 检验	不存在随机效应	2 709.63	0.000 0	拒绝原假设
	Hausman 检验	采用随机效应模型	39.54	0.000 0	拒绝原假设
	Wooldridge 检验	不存在自相关	52.02	0.000 0	拒绝原假设
	LR 检验	不存在异方差	486.22	0.000 0	拒绝原假设
	Hausman 内生性检验	不存在内生性	0.28	0.780 0	接受原假设
资本密集型制造业	*F* 检验	不具有固定效应	60.40	0.000 0	拒绝原假设
	LM 检验	不存在随机效应	3 075.42	0.000 0	拒绝原假设
	Hausman 检验	采用随机效应模型	28.60	0.000 0	拒绝原假设
	Wooldridge 检验	不存在自相关	76.89	0.000 0	拒绝原假设
	LR 检验	不存在异方差	442.66	0.000 0	拒绝原假设
	Hausman 内生性检验	不存在内生性	−0.35	0.728 0	接受原假设
技术密集型制造业	*F* 检验	不具有固定效应	121.29	0.000 0	拒绝原假设
	LM 检验	不存在随机效应	4 563.60	0.000 0	拒绝原假设

续表

类型	检验类型	原假设	检验统计量	伴随概率	结论
技术密集型制造业	Hausman 检验	采用随机效应模型	1.46	0.833 9	接受原假设
	Wooldridge 检验	不存在自相关	50.79	0.000 0	拒绝原假设
	LR 检验	不存在异方差	520.50	0.000 0	拒绝原假设
	Hausman 内生性检验	不存在内生性	1.19	0.234 0	接受原假设

从表 8-2 可以看出，被解释变量为劳动、资本与技术密集型制造业的检验模型都具有固定效应与随机效应，都存在自相关与异方差问题，且都不存在内生性问题。然而，被解释变量为劳动与资本密集型制造业的 Hausman 检验结果显著，拒绝了“采用随机效应模型”的原假设，而被解释变量为技术密集型制造业的 Hausman 检验结果却不显著，接受了“采用随机效应模型”的原假设。因此，被解释变量为劳动与资本密集型制造业的检验需要选择固定效应模型，而为技术密集型制造业的检验需要选择随机效应模型。由于三个模型都需要进行自相关与异方差问题的处理，所以，最终检验模型选择如下：劳动与资本密集型制造业选择控制了“固定效应”的可行的 FGLS 模型，而技术密集型制造业则采用“随机效应”的可行的 FGLS 模型。

二、全国样本估计结果及分析

本章研究采用可行的 FGLS 估计模型来解决长面板存在的异方差与自相关问题，检验了被解释变量为制造业升级（劳动、资本与技术密集型制造业占比变化）的估计结果，具体见表 8-3。

表 8-3 全国层面人力资本与技术进步影响制造业升级的面板 FGLS 估计结果

解释变量	被解释变量		
	劳动密集型制造业	资本密集型制造业	技术密集型制造业
lnEduyears	−0.028 6** （−2.45）	0.009 6* （1.87）	0.022 6** （2.53）
lnPatent	−0.007 6** （−2.22）	−0.042 3*** （−23.2）	0.022 1*** （6.31）
lnUrban	−0.068 5*** （−4.98）	0.072 7*** （17.05）	0.092 2*** （11.49）
lnFDI	0.003 8* （1.85）	−0.014 0*** （−13.81）	−0.001 4 （−0.66）

续表

解释变量	被解释变量		
	劳动密集型制造业	资本密集型制造业	技术密集型制造业
常数项	3.702 8*** (81.42)	3.812 9*** (230.96)	2.664 2*** (69.83)
Wald 检验	10 143.1 [0.000 0]	4 111.3 [0.000 0]	271.6 [0.000 0]

*、**、***分别表示 0.1、0.05、0.01 的显著性水平

注：（ ）中为 t 统计量；[ ]中为统计量伴随概率

（1）人力资本积累对制造业升级的影响效应。总体而言，人力资本积累，即人均受教育年限（Eduyears）增加对劳动密集型制造业的影响显著为负，而对资本与技术密集型制造业的影响显著为正。具体来说：人均受教育年限每增加 1%，劳动密集型制造业占比将下降约 0.029%，而资本与技术密集型制造业比重将分别增加约 0.010%与 0.023%。这表明以人均受教育年限为表征的人力资本水平的提高有利于推进制造业升级，但对技术密集型制造业的影响效应仅为 0.023%，也说明当前我国人均受教育年限的提高对制造业升级的促进力度不大，正向效用不强，人力资本积累对制造业升级的促进作用尚未得到有效发挥。这可能是因为，虽然接受高等教育的劳动者人数大幅增长，人均受教育年限大幅延长。但是，在当前教育体制和人才培养模式严重滞后于生产实践与市场需求的情况下，所培养人才的实际应用与创新能力却没有得到相应的提升，人力资本的实际水平并没有得到同步提升。当前我国各层次学校尤其是高校人才培养普遍存在如下问题：人才培养和市场需求严重脱节，人才培养目标不明确，人才培养过程“千篇一律、千人一面”，人才培养普遍存在“五重五轻”现象，即重理论，轻实践；重知识，轻能力；重基础知识与基本技能训练，轻创造性思维与创新能力培养；重统一要求，轻个性化发展；重智力因素，轻非智力因素培养。因此，在这样的教育体制与人才培养模式下，实际人力资本水平和科技创新能力很难随着人均受教育年限的延长而同比同步上升，从而严重地削弱了以人均受教育年限来衡量的人力资本水平对制造业升级的促推作用。

（2）技术进步对制造业升级的影响效应。估计结果表明，以专利申请量衡量的技术水平（Patent）的增长对劳动密集型制造业与资本密集型制造业的影响显著为负，而对技术密集型制造业有着显著正向影响。具体来说，技术水平每增加 1%，劳动与资本密集型制造业占比将分别减少约 0.008%与 0.042%，而技术密集型占比则能提高约 0.022%。这说明技术进步已经发挥了对产业升级的促进作用，技术水平的提高有利于推动制造业升级。但技术水平对技术密集型占比的推动效用仅为 0.022%，也表明当前以专利申请量为表征的技术水平对技术密集型制造业发展和制造业转型升级的作用力度不大，推动效用不强。这可能是因为，在当前我国“重数量，轻质量；重立项，轻结项”的科研管理体制与成果评价机制和分

散、零星、个体户式的技术创新方式下，专利数量虽然上来了，但专利质量并没有跟上来，涉及产业共性、关键技术的专利更是少之又少。作为专利申请数量世界第一的“专利大国”，却仍然是全球最主要的技术进口国、受让国，申请专利的企业甚至不足 1%，而拥有自主知识产权核心技术的企业不足 0.03%，各主要产业共性、关键技术及核心零部件主要依靠进口。加之校企合作流于形式，科技成果商业化模式不成熟，科技成果转化率极低，高校科技成果转化率甚至低于 10%。导致我国实际技术创新能力远远低于以专利申请量为表征的技术水平，使以专利申请量为表征的技术水平对产业升级的推动作用大打折扣，作用力度较小。

（3）各控制变量对制造业升级的影响效应。一是城市化水平（Urban）对劳动、资本与技术密集型制造业的影响分别显著为负、显著为正、显著为正，即对制造业升级有明显促进作用，结论和经济学规律相吻合；二是外商在华直接投资额（FDI）对劳动、资本与技术密集型制造业的影响分别显著为正、显著为负、为负不显著，即外商在华直接投资额并不利于推动我国制造业升级。这可能和外商到华投资主要看中我国相对廉价的劳动力，而非资本与技术，外资主要流向劳动密集型制造业有关。

三、分地区样本估计结果及分析

我国幅员辽阔，各地区，尤其是东、中、西部地区，人均受教育程度、技术创新能力、城市化水平及引进 FDI 的情况存在很大的差异性，而这些资源禀赋差异对各地区产业发展、产业布局与转型升级也会有很大影响。因此，为探讨各地区人力资本与技术进步对制造业升级的影响效应，本章研究将我国 31 个省（区、市，不含港、澳、台）归类为东、中、西部三类地区，分别分析了各地区人力资本与技术进步对其制造业升级的影响效应，分地区计量检验与估计结果，见表 8-4。

表 8-4 分地区人力资本与技术进步影响制造业升级的面板 FGLS 估计结果

变量	东部地区			中部地区			西部地区		
	劳动密集型制造业	资本密集型制造业	技术密集型制造业	劳动密集型制造业	资本密集型制造业	技术密集型制造业	劳动密集型制造业	资本密集型制造业	技术密集型制造业
lnEduyears	$-0.583\,3^{***}$ （−7.93）	$-0.255\,7^{***}$ （−2.68）	$0.377\,9^{***}$ （3.75）	−0.031 1 （−0.74）	$0.314\,1^{***}$ （2.67）	$0.056\,8^{*}$ （1.65）	$-0.178\,9^{*}$ （−1.96）	$0.151\,2^{***}$ （2.88）	$-0.199\,5^{**}$ （−2.07）
lnPatent	$-0.038\,1^{***}$ （−4.04）	$-0.027\,0^{***}$ （−2.7）	$0.028\,6^{**}$ （2.32）	$-0.042\,8^{*}$ （−1.71）	$0.037\,3^{***}$ （4.22）	$0.072\,9^{***}$ （3.33）	$0.032\,4^{**}$ （2.37）	$0.039\,6^{***}$ （5.23）	0.034 2 （2.18）
lnUrban	$-0.087\,8^{***}$ （−4.69）	$0.051\,5^{*}$ （1.77）	$0.046\,4^{*}$ （1.77）	$-0.216\,1^{***}$ （−3.26）	$0.082\,0^{*}$ （1.66）	0.039 3 （0.56）	$-0.085\,7^{***}$ （−2.80）	$0.079\,9^{***}$ （3.38）	0.011 1 （0.34）

续表

变量	东部地区			中部地区			西部地区		
	劳动密集型制造业	资本密集型制造业	技术密集型制造业	劳动密集型制造业	资本密集型制造业	技术密集型制造业	劳动密集型制造业	资本密集型制造业	技术密集型制造业
lnFDI	0.012 0*** (2.56)	−0.023 2*** (−3.41)	0.008 9 (1.08)	0.028 8** (2.29)	0.001 9 (0.34)	−0.028 1** (−2.55)	0.003 8 (0.58)	0.014 8*** (5.04)	−0.011 0 (−1.35)
常数项	5.254 9*** (43.57)	3.577 4*** (20.56)	2.019 1*** (9.86)	3.794 2*** (16.75)	4.347 4*** (58.33)	2.444 0*** (12.01)	3.732 1*** (19.36)	3.409 1*** (21.00)	2.818 1*** (15.42)
Wald 检验	1 597.68 [0.000 0]	232.05 [0.000 0]	49.61 [0.000 0]	17.65 [0.000 0]	541.24 [0.000 0]	243.94 [0.000 0]	16.47 [0.000 0]	4 336.85 [0.000 0]	2 211.26 [0.000 0]

*、**、***分别表示 0.1、0.05、0.01 的显著性水平

注：( )中为 t 统计量；[ ]中为统计量伴随概率。东部地区包括北京、天津、河北、辽宁、上海、江苏、浙江、福建、山东、广东和海南等 11 个省（市）；中部地区有 8 个省级行政区，分别是山西、吉林、黑龙江、安徽、江西、河南、湖北、湖南；西部地区包括的省（区、市）共 12 个，分别是内蒙古、广西、重庆、四川、贵州、云南、西藏、陕西、甘肃、青海、宁夏、新疆[176]

（1）人力资本（Eduyears）对东、中、西部地区制造业升级的影响效应差异较大，作用强度从东至西依次递减，且对西部地区推动作用不明显。具体来说，人力资本对东、西部地区劳动密集型制造业的影响均显著为负；对中、西部地区资本密集型制造业影响显著为正，而对东部显著为负；对东、中部地区技术密集型制造业影响显著为正，而对西部显著为负。且从系数来看，人力资本对东部地区技术密集型制造业 0.378%的作用强度明显高于对中部的 0.057%。这说明，一是人力资本在东部地区对制造业升级的推动效应已经比较明显，作用强度相对较大，且在人力资本积累加速的强力推动下，东部地区产业升级走在前面，有望提前跨越资本密集型制造业比重先升后降的拐点，率先进入产业结构高端；二是人力资本对中部地区产业升级的推动效应也日益显现，但当前对资本密集型制造业的支撑效用仍大于技术密集型，中部地区制造业升级仍任重而道远，尚未跨越资本密集型制造业占比上升的拐点；三是西部地区不但教育相对落后，而且产业结构也很落后，人力资本积累对产业升级的作用还主要表现在对资本密集型制造业的推动作用上，如何加快西部地区教育事业发展，提高人力资本对产业升级的促推作用，应成为政策关注的重点。

（2）技术进步（Patent）能显著促进东、中部地区制造业升级，但对西部地区产业升级推动作用不明显。具体表现如下：一是技术进步对东部地区劳动、资本与技术密集型制造业的影响分别显著为负、显著为负与显著为正。这说明，东部地区技术创新能力相对较强，制造业结构相对高端，技术进步对制造业升级的促进作用明显，且有望推动制造业升级跨越资本密集型制造业发展倒 U 形曲线的拐点，率先进入高端行列。二是技术进步影响中部地区劳动、资本与技术密集型制造业的效用分别显著为负、显著为正与显著为正。这表明中部地区技术创新能力也明显提高，技术进步对制造业升级促进作用明显，但也说明中部地区制造业

结构仍落后于东部地区，技术密集型制造业应成为中部地区产业布局的重中之重；三是技术进步对西部地区劳动、资本与技术密集型制造业的影响分别显著为正、显著为正、为正但不显著。这说明西部地区技术创新能力严重不足，创新活动仍集中于劳动与资本密集型制造业，而技术密集型制造业相对较少，技术进步对产业发展的贡献还主要表现为对中、低端产业的促进作用，而非高新技术产业。

（3）各控制变量对制造业升级的影响。一是城市化水平（Urban）对东、中、西部地区制造业升级均具有一定的推动作用。随着城市化水平的提高，东、中、西部地区劳动密集型制造业比重均显著下降，资本密集型制造业占比都显著提升，但只有东部地区技术密集型制造业占比明显提高，而对中、西部地区技术密集型制造业的影响虽然为正，却不显著。这可能和当前中、西部地区城市化进程缓慢，城市化水平较低，严重滞后于产业发展，尤其是高新技术产业发展要求有关，使城市化对高新技术产业发展的支撑作用尚未完全体现出来。因此，探讨如何加速推进中、西部地区新型城市化进程，为高新技术产业发展提供良好的基础设施条件，以加快产业转型升级步伐，应成为政策探讨的题中之意。二是外商在华直接投资额（FDI）对东、中、西部地区制造业升级的影响效应虽然存在一定差异，但对各地区技术密集型制造业均没有推动作用，而且对东、中部地区劳动密集型制造业还有显著推动作用。这说明，过于看重我国廉价劳动力成本的 FDI，如果不能优化其结构，非但不能促进制造业升级，反而会起到一定的阻碍作用，各地区引进外资的政策措施也急需调整优化。

第五节 主要结论

（1）人力资本的提高对制造业升级有一定的促进作用，但在各地区的作用强度差异较大，从东至西依次递减，且总体推动力度不大。以人均受教育年限为表征的人力资本对全国技术密集型制造业的影响效应仅为 0.023%，对东部地区略高也只有 0.38%，而对西部地区甚至为−0.2%。人力资本积累对制造业升级的作用强度远低于美、日、欧等发达国家与地区。其主要原因可能是，在我国教育事业尤其是高等教育快速发展的过程中，过于注重提高学历和人才数量，而忽略了人才培养与人才成长的内在规律，对人才培养质量把关不严，人才培养和市场需求相脱节，从而导致实际人力资本积累速度严重滞后于人均受教育年限增长速度。因此，要加快推进教育体制机制改革，加速人才培养模式创新，遵循人才成长规律，推进校企深度融合合作，以市场需求为导向，使各级各类人才名副其实，使人力资本积累和人均受教育年限同比同步增长，使科技创新能力和技术技能水平得到同比同步提升，使人力资本对制造业升级的推动作用得到充分有效地发挥。此外，要多途径、多举措加大对西部地区教育的投入力度和优秀师资支持力度，发展高新技术产业，缩小区域经济差距，教育事业必须先行。要通过加大中央财政拨付，东部发达地区政府及学校的资金与师资一对一帮扶等举措，切实推进西部地区教育尤其是高等教育事业快速发展，加快提高西部地区人力资本，加速推进西部产业转型升级与跨越发展。

（2）技术进步有利于促进制造业升级，作用强度东部最大，中部次之，西部不明显，总体推动效用不充分。技术创新能力，尤其是共性、关键技术攻关能力远远低于以专利申请量为表征的技术水平。专利质量不高，产业共性、关键技术创新能力严重不足成为制约产业升级的瓶颈。因此，在当前我国已经成为全球第一“专利大国”，却仍是“技术创新小国”的情况下，一是要加快创新科研管理体制与成果评价机制，加快建立与完善以市场需求和预期经济社会效益为主导的，充分引入市场竞争机制，尤其是第三方评价机制的，从科研项目的“指南制定—项目申报—项目评审—项目立项—过程监管—成果验收—成果转化”全过程实现公开透明、公平公正、竞争择优的科研管理与评价机制，让真正优秀的科研人才和高水平的科研成果脱颖而出，大幅提高科研投入的产出水平；二是强力推进产学研深度合作，加快建立与完善以高质量、高水平科研成果，尤其是产业共性、关键技术突破为导向的科技创新体制及相关配套激励机制，加快实施一批以突破产业共性、关键技术为导向的国家重大技术创新工程，营造有利于出高、精、尖科技成果的制度与社会氛围；三是创新科研人才，尤其是高校教师的职称评审与职务晋升机制，突出高质量、高水平、代表性科研成果，尤其是成果实现转化且经济社会效益见好的科研成果在职称晋级与职务晋升中的关键作用，加大对促进科技进步与服务经济社会发展做出重大、突出贡献的科研人才的激励力度。总而言之，要多举措、多途径、大力气提高我国技术创新能力，尤其是共性、关键技术创新能力，大幅提高技术进步对产业升级的推动作用。

（3）城市化水平的提高有利于推动制造业升级，但作用强度仍然是东强西弱；而当前 FDI 的增加非但不能促进制造业升级，如果引导不当，反而可能成为产业升级的阻碍因素。因此，一是要加快推进新型城镇化进程，尤其是要加大对中、西部特别是西部基础设施建设落后地区交通、水电等基础设施建设的投入力度，加速提高中、西部尤其是西部落后地区基础设施建设水平和新型城市化水平，营造良好硬件环境，建设美丽中西部，大幅提高中西部地区吸引高层次人才、资金与高端项目的能力，促推中西部地区产业转型升级与结构优化；二是要加快调整 FDI 政策，优化 FDI 结构，发挥 FDI 对我国制造业结构优化与转型升级的推动作用。相对改革开放之初，我国劳动、资本与技术等生产要素密集度已经发生了很大变化，有的发生了根本性逆转，如原本丰裕而廉价的劳动力资源正变得越来越稀缺与昂贵，原来稀缺与昂贵的资本存量已经变得相当丰裕且廉价，技术要素也得到一定程度的积累。因此，要适应新形势、新情况，加快调整在当时资本与技术要素极其稀缺，而劳动力极其丰裕的情况下，为引进 FDI 而做出的外资政策。在全国一盘棋的大框架下，各地区要根据各自要素禀赋结构情况，加快制定与推进实施差别化 FDI 政策，既要取消普通 FDI 的超国民待遇，又要逐步提高劳动密集型 FDI 的进入门槛，还要逐步对资源消耗型、环境污染型 FDI 进行限制甚至禁止，更要下大力气营造良好的软、硬环境，吸引能够填补国内空白的技术密集型 FDI，发挥 FDI 对产业结构优化与转型升级的正向效应，促推制造业转型升级。

第九章 协同劳动力供给变化推进制造业升级的政策研究

在我国劳动力供给发生深刻变化的新条件下，要有序有效推进制造业升级，技术创新是关键，人才培养是根本。既要通过技术技能培训，培养一大批具有高技术技能的产业大军，挖掘数量型人口红利的效用，大幅提高劳动生产率；又要创新教育体制和人才培养模式，培养一大批高层次创新型人才，全面提高人力资本和科学技术水平，开发质量型人口红利的效用，大幅提高全要素生产率；更要基于制造业细分行业劳动力需求异质性和区域劳动力供给差异，发挥政策的杠杆效用，通过实施差别化的产业政策与区域政策等，推进制造业向和劳动力供给动态变化相协调的高端升级。

第一节 顺应劳动力供给变化，顺势推进制造业升级

一、顺应劳动力供给数量变化，多途径引导低端制造业转型升级

（1）进一步放宽计划生育政策，适当增加劳动力供给。要根据经济社会发展和人口发展新变化，积极应对人口老龄化，进一步调整和放宽人口与计划生育政策，提高人口生育率，适当增加劳动力供给。在当前我国劳动力供给无论是增长速度，还是供给绝对数量都已经出现，且将长期延续负增长的情况下，如果当前全面放开“二孩”的政策效果仍不明显，可考虑放开“三孩”，甚至全面放开；而

在部分整体生育意愿低的大、中型城市，甚至可采取适当政策鼓励生育“二孩”，以缓解劳动力供给数量急剧下降对经济增长的负向冲击。

（2）多途径宣传引导，建立长效扶持机制。既要多渠道加强对国家经济与产业政策的宣传，让政策起到应有的成效，各级政府又要成立产业发展协调领导小组；既要加强对企业负责人的免费培训，将其培养成跟党走、懂政策、知形势、明管理的高级专门人才，又要责任到人，建立政府和企业的一对一帮扶机制，扶助企业转型升级和做大做强，并将对口帮扶企业的发展量化为责任人绩效考评的重要指标，对在一对一帮扶过程中，显著推动企业做大做强，对经济增长有卓越贡献者，要在其绩效考评与职务晋升中予以重点考量。而对于在一对一扶助过程中，存在明显不作为、乱作为，尤其是带来巨大经济损失的，在其绩效评价与职务晋升时，可实行一票否决制。

（3）构建低端制造业企业退出或转型补偿机制。具体包括以下几个方面：一是根据要素禀赋动态变化，对劳动密集型制造业细分行业进行合理评估与分类，科学界定各细分行业在我国所处的发展阶段，确定其是应该退出市场，还是转型升级；二是建立劳动密集型制造业企业退出市场预申报及退出补贴制度，对于主动申报退出市场的，可依据其退出市场所节约的资源与社会成本及自身损失，合理给予财政补贴；三是建立劳动密集型制造业企业退出市场目录与期限制度，对适合退出市场的产业，要明确退出企业目录与期限，同时可通过提高税率、限制资源使用及提高企业运营成本等方式，加速其退出市场；四是对适合转型升级的劳动密集型产业，可通过财政扶持、税费减免等途径，倒逼低端制造业企业要么转型升级，要么向中西部劳动力供给相对丰裕的地区转移，要么“走出去”向“一带一路”沿线劳动力供给丰裕的国家或地区转移。

二、顺应劳动力供给质量变化，多举措顺推高端制造业快速发展

（1）基于开征研发税加大 R&D 投入力度，加快实施创新驱动发展战略。在当前国内 R&D 投入严重不足，远低于发达国家平均强度的情况下，要基于 R&D 活动的公共产品属性和 R&D 融资市场失灵，根据先征后用、专款专用的基本原则，加快推行开征研发税，并将征税所得专项支出用于 R&D 活动，大幅提高我国 R&D 投入水平，并在加大 R&D 投入的前提下，基于财政 R&D 经费引导与扶持，促进政产学研深度合作，联合共建一批关系我国产业综合国际竞争力和经济社会可持续增长的产业共性、关键技术创新平台，加快推进实施一批对经济社会

发展全局和可持续发展具有重大引领带动作用的产业共性、关键技术项目的国家创新工程，深度融合政产学研优势资源，加大对产业共性技术与核心、关键技术的联合攻关力度，力争在若干共性、关键技术上率先实现重大突破，以大幅度提高我国制造业技术创新能力，抢占新一轮技术主导权、规则制定权、发展主动权、国际话语权与经济增长制高点[177]。

（2）建立健全技术密集型制造业企业目录和政策助推机制。具体包括以下几个方面：一是要加快建立与完善技术密集型制造业企业目录。根据生命周期理论和企业所属产业当前在我国所处生命周期的发展阶段，将仍处于生命周期的成熟期以前的发展阶段，如开发、引入或成长期，但科技含量高、经济社会效益好、市场潜力大、能源节约型、环境保护型的，对推动科技进步、服务经济社会发展具有较大带动与引领作用的企业，通过第三方权威机构的科学评估，纳入战略性新兴产业所属企业，并据此建立技术密集型制造业企业扶持目录。二是对纳入技术密集型制造业扶持目录的企业，要通过财政资助、财政补贴、财政项目、税费减免、信用担保、资源使用优惠、倾斜性政策等降低企业运营成本，政府保护和扶助战略性新兴产业度过产业幼稚期，加速推进高新技术企业做大做强[178]。

（3）优化政府与国企领导绩效评价指标体系，提高领导推动技术密集型制造业发展的动力与积极性。一是要优化政府与国企领导绩效评价指标体系。要彻底破除唯 GDP 的领导绩效评价指标体系，将培养与引进高层次创新型人才、高技术技能人才、R&D 投入、R&D 配置绩效、科技创新能力、节能减排、绿色环保、高新技术产业发展等各项指标纳入政府官员与国企领导的绩效考评范围，并逐步提高这些指标的权重，优化领导绩效评价指标体系，充分发挥好绩效评价的指挥棒作用，为产业结构调整优化与转型升级，建设美丽中国，奠定良好的制度基础。二是要建立政府领导和高新技术企业一对一的联系与帮扶机制，以及政府官员不作为、乱作为的问责机制。要根据各级政府各主要领导及相关部门各主要负责人的分工与责任等，建立和目录企业的一对一联系与帮扶机制，切实明确、落实各主要领导在一对一帮扶过程中的责任、权利与利益，对于在一对一帮扶过程中，对促进企业技术进步、做大做强与服务经济社会发展做出巨大贡献的，要在评奖评优及职务晋升中优先给予考虑；对于在联系与帮扶目录企业过程中，不作为、乱作为，尤其是造成巨大经济社会损失的，在绩效考评与职务晋升中，要推行一票否决制。

三、全面推进简政放权，促推中端制造业做大做强和"走出去"

当前教育体制和人才培养模式下，中高端人才供给数量急剧增加，且成本相对较低，潜在人口红利巨大。实证结果也表明，劳动力受教育水平的提高对中端制造业发展的促进作用最为明显。我国中端制造业企业经过多年发展，资本已经得到有效积累，技术也相对成熟，已进入生命周期的相对成熟阶段，最需要在自由市场状态下做大做强。

（1）全面推进简政放权，营造良好市场环境，促进中端制造业企业做大做强。资源只有在充分自由竞争的市场里，才能实现最优配置，发挥最大效用，创造最大的财富，最大限度地增进社会福利。简政放权是释放改革红利，推动中国经济社会健康稳定可持续发展的重要途径与制度保证。因此，一是要划清政府与市场的界限，明确政府权力清单。要全面贯彻落实十八届三中全会精神，全面推进简政放权，让市场在资源配置中起决定性作用。要彻底划清政府和市场的边界，哪些事情应该划归政府管，哪些事情必须交由市场办，逐步建立政府权力清单，对于清单内的必须交由政府管的事情，政府必须管好；反之，对于政府权力清单外的事情，政府尽量少插手甚至不插手。总体而言，政府应着力解决好、提供好具有非竞争性与非排他性的公共产品，而对于具有竞争性与排他性的非公共产品，应该全面交由市场来决定与提供。二是要搞好顶层设计，建立科学合理的管理制度与组织机构。要根据政府的权力清单，按照“因事设岗、工作饱满”的岗位设置原则和“精简、统一、效能”的组织设计原则，科学、合理，从上至下地设计好各组织机构和工作岗位，明确各工作的责、权、利。该精减的机构一定要精减，该简化的程序一定要简化，要毫不含糊，不搞选择性放权。要消除政府对企业一切不必要的干预，营造轻松、自由、公平、公正、透明、公开的市场环境，推进中端制造业企业在激烈的市场竞争中，实现资源的有效整合、最优配置，实现规模化、集团化、国际化发展。

（2）加快实施“一带一路”倡议，政策促推中端制造业企业沿“一带一路”走出去，做大做强、国际化发展。“一带一路”倡议是由我国首次倡导，高层集体推动的国家重大战略，将对我国、亚洲乃至世界未来相当长时期的经济社会发展产生巨大的影响，更是我国制造业尤其是中端制造业企业未来十年甚至更长时期的重大战略机遇之所在。自 2008 年全球金融危机以来，欧盟、美国、日本等发达国家与地区经济增长持续放缓，许多地区甚至出现负增长，国际贸易保护主义盛行，中国中低端制造业产品传统出口市场严重受阻，国内低端产品市场严重饱和，内外交困下，国内中低端尤其是低端制造业产能严重过剩，利润要么薄得像一张纸一样，要么为零，甚至为负，发展举步维艰，相当一部分已经破产倒闭，有的濒临破产，大多处于风雨飘摇之中。随着中国经济进入新阶段，经济增长正面临“增长速度下降、工业品价格下降、企业利润下降、国家财政收入下降、金融与经济风险上升”的“四降一升”风险和综合成本，尤其是劳动力成本上升的多重挑战。因此，国内制造业企业尤其是中低端制造业企业必须寻找新的出路，而最好的选择便是“一带一路”。“一带一路”沿线国家与地区基本属于发展中国家，国内制造业发展普遍落后，国内经济增长与国民需求处于上升期，且潜力巨大，需求结构和我国中低端制造业供给结构基本吻合。因此，要在国家大力推进实施“一带一路”倡议的大背景下，政策促推中低端制造业企业实施“走出去”战略，鼓励企业到国外尤其是“一带一路”沿线国家投资建厂，整合全球优势资源，提高企业综合国际竞争力。

第二节　基于技术技能双提升促进制造业升级

一、大力发展职业技术教育，加快培养高技术技能人才

要加大财政与人才扶持力度，建立完善的职业技术教育体系，加速培养高技术技能人才，基于技术技能双提升，驱动制造业转型升级。

（1）加大财政和人才扶持力度，建立健全职业技术教育体系。具体包括以下措施：一是各级财政要设立职业技术教育专项资金，既要确保并逐步提高该专项资金的额度，又要逐年提高该专项资金的幅度，还要确保专项资金专款专用，按时足额拨款；二是加大对职业技术教育的人才支持力度，其中重点是要加快培养既有深厚的理论知识功底，又有高技术技能、实践操作能力强的高素质师资队伍[179]；三是要完善职业技术教育体系，不仅要完善当前职业教育体系，还要逐步建立起“职业高中或中专—职业专科—职业本科—专业硕士—专业博士”的完善、立体、多层次的技术技能人才培养体系，并逐年增加培养学校的招生指标；四是加大对职业高中、职业院校基础设施建设、人才引进、师资建设的财政投入，降低学生学费和相关负担，以优惠政策吸引学生就读高职院校。

（2）基于市场需求导向，推进校企深度合作，联合培养高技术技能人才。具体有以下措施：一是在当前大学生就业难、技工荒、企业招工难的多重矛盾下，要紧扣市场需求，基于未来 5~8 年市场对各层各类技术技能人才的需求预测，科学规划和建设高等职业院校，合理设置相关专业与招生指标，使各层次、各类别高校培养的各层次、各专业的学生精准对接市场需求，以有效解决大学生就业和企业招工的“两难”问题。二是深化校企合作，融合双方优势资源，培养高技术技能人才。既要发挥财政资金的引领作用，促进高职院校和相关企业

深度合作；又要财政资助和扶持企业办对口高职院校，发挥企业市场敏感度高和实践能力强的优势，培养既懂理论知识，又熟练操作技术技能的高技术技能人才[180]。

（3）高度重视和加快培养高层次、高水平的高职院校师资队伍。当前高职院校优秀师资普遍严重缺乏，师资队伍普遍存在总体水平偏低、水平参差不齐、实践应用能力较低等问题，严重影响高职院校人才培养质量。没有好的师资队伍，就不可能有好的人才培养质量。这是当下技术技能人才紧缺，但高职院校毕业生仍不是很受欢迎的重要原因。因此，既要通过政策引导、财政扶持，建立一批侧重于培养高水平技术技能的高职院校师资队伍培养基地，如江西科技师范大学等；又要在普通硕士、博士、博士后培养体系中，增加培养高水平技术应用型研究生的指标，定向或非定向培养高职院校高水平师资队伍。

二、财政扶持建设公共实训基地，提高职工技术技能水平

运用财政资助建设一大批技术技能公共实训基地，为社会提供免费、高效、务实的技术技能培训，大幅提高工人的技术技能水平，培养一大批高技术技能的产业大军，推动制造业转型升级。

（1）成立公共实训基地建设协调领导小组，财政资助建设公共实训基地。各级政府要成立本级公共实训基地建设协调领导小组，组织教育部、财政部、人力资源和社会保障部、国家发展和改革委员会、工业和信息化部等相关职能部门，协同建立公共实训基地，并设立公共实训基地建设财政专项资金，全面落实并逐年加大财政资金投入力度。同时，要明确员工技术技能公共实训基地的责任部门，落实对基地的财、权、物等的投入与管理。

（2）全面放开公共实训基地，最大限度地发挥公共实训基地效用。具体包括以下几个方面：一是在建设资金有保障的前提下，要统筹规划、科学布局、有序建设好职工技术技能公共实训基地；二是要建立健全职工技术技能公共实训基地管理体制机制，提高基地管理和培训效率；三是建成的公共实训基地要面向全社会开放，为所有在职或非在职人员提供免费、高效、务实的技术技能培训。

（3）明确目标定位，提升与完善公共实训基地功能。具体包括以下几个方面：一是要明确公共实训基地的功能定位，在进行公共实训基地建设与功能定位时，公共实训基地的功能定位要兼顾技术技能的培训、开发、鉴定、竞赛、测评和工程训练及实训标准制定等。二是要举办多层次、多种类的职业技术技能竞赛，并

加大对竞赛的财政资助与奖励力度，以竞赛来评价、激励与促进员工技术技能水平的提升。

（4）深化合作，拓展公共实训基地实际效能。一方面，要加强公共实训基地与企业的合作。一是公共实训基地要为企业技术技能工人提供免费、高效、务实的技术技能培训，切实、高效提高企业员工技术技能水平；二是企业应该尽可能为公共实训基地提供高水平的技术技能培训老师，以形成基地与企业深度合作的良性循环。另一方面，要深化公共实训基地和相关高校及劳动力市场之间的合作，扩大实训基地的服务范围，更好地发挥其实际效用。尤其是相关高校，应该尽可能为公共实训基地提供理论功底深厚、实践与操作水平高的优质师资，为基地培训技术技能工人奠定良好的师资基础。

三、引领新生代劳动力形成正确的就业观念和择业行为

（1）通过各类媒体，加强对新时代技术技能型人才重要性的宣传，引导全社会形成浓郁的尊重产业工人、技术技能、职业教育的良好氛围。尤其是要加强对技术技能竞赛及获奖者的宣传力度，树立高技术技能人才的学习楷模和标杆，强化务实和奉献的精神，引导新生代形成科学的人生观和价值观。要通过树典型、立标杆，引导新生代从事技术技能工作，避免盲目追求“高、大、上”，有效解决就业和招工“两难”问题。

（2）建立技术技能人才职称与职务晋升通道。根据技术技能人才的经济社会效用、人数、结构及层次，设置对等的职称和职务晋升标准及通道，在同等情况下可优先考虑技术技能型人才的职称与职务晋升，让技术技能型人才获得同等甚至更多的发展与晋升空间。要在领导岗位中增设技术技能型领导或在同等情况下优先考虑优秀技术技能人才的职务晋升，让高技术技能型领导管理技术技能型人才，引领新生代进行科学的职业生涯规划。

（3）构建“重实效、重贡献”的分配制度和人事任免制度。既要推进技术、技能等生产要素按贡献大小参与分配的改革，引入协议年薪制、技术技能入股、期权等激励方式；又要在同等情况下优先考虑技术技能人才，尤其是“大国工匠”的职称与职务晋升。总而言之，要多途径、多渠道、切实有效地引领新生代形成更加务实的就业观念和择业行为，培养一大批新生代的高技术技能产业大军，为制造业转型升级奠定坚实的技术技能人才基础。

第三节　基于人力资本提升和技术创新双轮驱动制造业升级

一、基于市场需求导向创新高等教育体制

（1）政策推进教育结构和产业结构相吻合。要彻底解决校企人才的供需矛盾，就必须改革高校办学体制，政策强力推进高等教育结构和产业结构相吻合，使普高、职高及各层次的教育机构数量、层次、专业和市场需求相协调。既要大幅压缩普通高校数量及招生指标，将较大一批普通高校转化为职业高等院校，加快发展职高院校并增加其招生指标；又要将普通高校中不适应经济社会发展新要求的低就业及难就业型专业的招生指标大幅减少，将其中部分不适合普高办学模式的专业转为职高模式；同时增加部分专业型硕士与博士招生指标，为高职院校培养一批高素质、高技术技能的师资队伍[180]。

（2）创新高校招生制度。根据国家总体发展战略、产业发展新动向和经济社会发展新要求，对未来5~8年甚至更长时期内，市场对各层次、各类别人才的需求数量做出科学预测，基于市场需求导向指导各层次、各类别高校的专业设置与招生指标，使各级各类高校培养的各层次、各类别的人才和市场需求精准对接，有效解决大学生就业难和企业招工难问题。

（3）创新高等教育评估和领导及教师绩效考评制度。要大幅降低“量”在高校评估中所占比重，提高集中反映大学生培养质量的指标，如学生满意度、知识与技术技能掌握程度、创新创业能力、高档次论文、专利，尤其是发明专利申请量、各级各类获奖等具体量化为可考评指标，将其作为考评高校、高校领导及教师的重要评价指标，引领高校走“高、精、尖、专”的内涵式发展道路，让高校成为培养高层次、创新型、应用型人才的摇篮，成为推动产业升级的动力之源。

二、校企深度合作培养高层次创新型人才

（1）遵循人才成长规律，制订高层次创新型人才培养综合计划。要明确高层

次创新型人才培养目标，科学把握高层次创新型人才的成长和培养规律，根据科技创新，尤其是进行产业共性、关键技术攻关的需求和未来较长时期内市场对高层次创新型人才的需求类别等，由政府从国家战略高度，成立高层次创新型人才培养领导小组，在小组的统一管理与协同下，组织相关专家制订高层次创新型人才培养综合计划，并成立高层次创新型人才培养基金，为高层次创新型人才培养奠定坚实的组织、制度与物质基础[181]。

（2）政策引导与推进校企协同培养高层次创新型人才。要多举措、多途径运用政策强力推进校企协同进行高层次创新型人才培养，不仅要将相关高校和企业有机协同起来，更要将高层次创新型人才培养和技术创新有机协同起来。要发挥科技项目的纽带作用，既要激励企业聘请高校专家、教授、博士到企业任职、挂职，增强高校教师的市场敏感度和实践应用能力；又要激励高校引进企业高管和高级工程师到高校担任兼职教授、博硕士生导师，提高企业高层的知识视野和理论水平。要引领高校和企业走出自己的“圈子”，实现资源共享、优势互补，深度融合校企优势资源，共同培养高层次创新型人才。

（3）推行“杰出人才培养计划”，培养世界顶尖科研人才。既要秉承“三公”原则，精选具有超常创新潜能的“天才苗子”，一对一制订个性化、中长期整体培养方案；又要根据“财政资助大部分、企业与学校资助小部分”的原则，定期聘请大师级科学家、发明家、企业家为“苗子”传道授业，并适时让他们到一流的科研基地和企业中去，参与大师们的科学实验和经营管理，培养他们敏锐的观察力、强烈的创新意识和高超的创新能力；还要不拘一格选拔人才，对所选“苗子”既要推进优胜劣汰制，适时淘汰潜力不大的苗子；更要让有创新能力或潜能的苗子不受传统约束。只要是大师们相中的苗子，采取“谁相中、谁担责、谁跟踪、谁培养”的原则，让他们有机会到国内外顶尖学府、科研基地、企业中去学习深造。只有这样，才可能培养出世界顶尖的创新型人才，使我国能在部分领域取得突破性、跨越式创新成果。

三、完善科技创新体制，创新驱动制造业升级

（1）创新 R&D 融资模式，基于开征研发税加大 R&D 投入力度。由于 R&D 投入的核心主体是具有市场属性的企业，而作为 R&D 活动的产出却是具有公共产品属性的知识产品，二者之间的矛盾导致 R&D 融资市场失灵，并使国内 R&D 投入严重不足[182]。对属于市场失灵范畴的经济行为必须给予政府干预，而政府对具有外部性的产品征税，再通过财政转移支付进行资源调节可以增进社会福利，

提高资源配置效率[183]。因此，针对 R&D 融资市场失灵，为加快实施国家创新驱动发展战略，根据效率、公平与最优原则，开征研发税，并将征税所得专项支出用于 R&D 活动，以解决 R&D 融资市场失灵，加快提高我国 R&D 投入水平，逐步使 R&D 投入从当前仅约占 GDP 的 2%提高到当前世界各主要发达国家 3%以上的平均研发投入强度[184]。

（2）优化 R&D 配置模式，提高研发资源配置效率。科研立项是 R&D 经费配置的主要方式与途径。由于科研立项具有完全的竞争性与收益部分的排他性，即具有很强的私人物品属性或市场属性[185]。而对于具有市场属性的资源来说，只有通过具有公开透明、公平公正、竞争择优机制的市场配置模式，在自由状态下进行配置，才能最大限度地提高资源配置效率，增进社会整体福利水平[178]。因此，针对政府财政 R&D 经费的公共属性和科研立项活动的市场属性之间的矛盾，使财政 R&D 配置计划模式失灵，继而造成 R&D 配置成效不明显的问题，建议优化 R&D 配置模式，从科研项目的“讨论论证—申报指南设立—项目申报—评审立项—中期检查—科研成果验收评审—科研成果产业化”全过程，按照公开、公平、公正、平等、竞争、择优的市场原则，发挥市场在 R&D 资源配置中的决定性作用，让创新能力强、创新潜力大，优秀的科技人才获得研发资源；让 R&D 经费、创新要素向预期经济社会效益看好的项目上集聚；让 R&D 资源成为引导与推动产学研协同合作，共同进行产业共性、关键技术创新的指挥棒，以提高 R&D 资源配置效率，发挥 R&D 资源的最大效用[177, 185]。

（3）基于长效利益均衡机制构建产学研自主创新战略联盟。产学研深度合作、融合各方优势资源、协同进行技术创新是突破产业共性、关键技术的重要途径。而产学研实现深度合作的重要基础在于确保各方从合作中获得的收益大于单独行动。因此，要建立健全促进产学研深度合作的长效利益均衡机制，以确保合作各方的收益。具体包括：一是建立健全产学研合作相关法律法规，尤其是合同法，以法律、合同形式，明确规定合作内容及合作各方的责、权、利，使产学研各方形成责权利均衡、分工明确的有机整体；二是建立与完善合作项目的信息公开通报机制与沟通协调机制，以实现项目全过程的信息对称，让各方实时、全过程、全方位了解项目进程，增强合作的信任度；三是建立健全项目监督监管机制，要从合作各方选派出合适人选，组建项目联合监督监管机制，负责对项目实施进行实时、全过程、无缝化监督监管，确保项目按时、按质、按量完成，确保合作各方收益。

（4）建立健全产业共性、关键技术创新平台和创新成果共享机制。具体包括：一是加快建立产业共性、关键技术创新平台，通过财政研发资源引导与资助，彻底破除单位所有制与条件分割，基于长效利益均衡机制，促进产学研深度合作，融合各自优势资源，建立产业共性、关键技术研发平台，激励产学研协同创新，共同致力于制造业产业共性、关键技术创新；二是建立制造业产业共性、关键技术创新及重大科研项目 R&D 经费优先保障机制，如设立重大科技项目专项基金等，以确保对产业共性、关键技术、重大科研项目的研发经费投入；三是建立健全产业共性、关键技术创新成果的产学研各方共享机制，并且使创新成果在满足各投资方、合作方需求的同时，更多地应用于相关产业，加速创新成果的转化与传播，尤其是对于受财政 R&D 资助产生的创新成果，各方更要承担将成果向外传播与扩散的义务。

（5）加快实施重大技术国家创新工程。结合市场迫切需求和自身优势，找准切入点，紧紧围绕对产业发展、产业布局、产业综合国际竞争力有重大影响的重大、前沿技术，推进实施系列国家创新工程。坚持以国内外市场需求为导向、企业为主体、相关高校与科研院所为两翼、民间资本积极参与，整合跨部门、跨地区、全国乃至全世界的优势资源进行重大技术创新，协同促进创新成果产业化。实施重大技术国家创新工程，其主要内容应该包括：一是确定明确的目标。基于国内外市场需求导向，对实施国家创新工程的总体目标、分目标与阶段性目标进行设定。二是构建产学研深度协同合作的研发体系。明确企业、高校、科研院所三大研发主体在基础研究、应用研究、试验发展三大研发阶段上的分工及协作关系，推进产学研形成分工合作、运行有序的创新整体。三是构建国家创新工程的支撑与服务体系，为工程实施提供强有力的资金、人才、资源与政策支持等。四是建立科学合理的管理与监督体系。组建国家创新工程领导小组，以及其领导下的技术创新体系管理委员会（主要由政府相关部门、相关企业、高校与科研院所的领导与专家组成，突出有资源配置能力领导的占比）和专家委员会（来源与管理委员会类同，但应突出领军型技术、经济与管理专家的占比），强化“两委”的监督与评价功能，加强对研发的过程监管与结果评价。五是创新商业化模式，在当前科技成果转化率很低，不足10%的情况下，通过政府干预解决市场失灵，构建政府主导型商业模式，更快促进创新成果转化。

四、基于人力资本提升实施创新驱动发展战略，推进制造业升级

（1）创新顶层设计和领导绩效评价体系。从国家最高战略的全局利益和抢占新一轮科技制高点、技术主导权与国际话语权的长远利益出发，制定国家最高科技创新目标体系，并自上而下，逐个逐层规划、设计与落实创新目标。将影响科技创新的各主要因素纳入各级政府及相关单位一把手及相关领导的绩效评价体

系，作为衡量其绩效及决定去留升降的主要依据。

（2）紧扣“中国制造 2025”、创新驱动发展战略和“一带一路”倡议，推进实施国家制造业自主创新工程，即围绕制造业重点产业关键共性技术、产业、经济、管理与文化创新，由国务院统一领导（国务院总理任组长），以国内外市场需求为导向、企业为主体、相关高校与科研院所为两翼、民间资本积极参与，整合跨部门、跨地区、全国乃至全球范围内的优势资源进行制造业共性、关键技术创新，并协同推进创新成果转化，以推进制造大国走向制造强国。

（3）建立健全科研监管机制和创新科技成果商业化模式。具体包括以下几个方面：一是建立健全科研监管机制，按照“谁牵头、谁主管，谁提供、谁主持、谁负责”的原则，对科研项目进行全过程管理痕迹录入与保存，确保科研监管精细化、无缝化，提高科研项目产出水平；二是创新科技成果商业化模式，推进校企科研成果的供需精准对接，推行“市场需求导向明确技术创新目标+协同创新突破共性关键技术+财政扶持完善基础设施建设+产品租赁转变消费观念+政府采购引领消费潮流+财政补贴降低使用成本”的高新技术产品商业化模式，提高科技成果转化率。

第四节　协同劳动力供给变化实施差别化政策推进制造业升级

一、实施有保有压的差别化产业政策推进制造业升级

（1）对制造业细分行业进行科学评估与合理分类。科学评估制造业各细分行业当前成长阶段与发展潜力。成立产业发展领导小组，由国务院主管工业副总理任组长，组织国家发展和改革委员会、工业和信息化部、科学技术部、教育部、生态环境部、人力资源和社会保障部、相关高校、相关科研院所及各行业代表性企业的专家，根据生命周期理论、要素禀赋理论、产业发展理论与国家竞争优势理论等，根据制造业各细分行业在我国所处生命周期的发展阶段、发展特点、发展潜力，并结合我国要素禀赋结构及其动态变化、资源与环境承载能力、国家战略需要等，对我国制造业各细分行业的行业特征、发展前景、利润空间、增长潜力、经济社会作用等进行科学评价和分类。具体包括：一是将已经处于全生命周

期衰退期的产业、高能耗与高污染类产业、低水平重复建设类产业、发展潜力小且利润微薄的产业划归为限制类或禁止类产业；二是将仍处于全生命周期的成长期、引入期的产业，具有明显技术优势、低能耗、低污染、成长潜力大、利润高、综合效益好的产业，尤其是关系国计民生，对经济社会全局与长远发展具有重大引领带动作用的产业（如战略性新兴产业、高新技术产业等）划归为扶持类产业；三是除限制类、禁止类与扶持类产业之外的其他产业，均划归为常规类产业。

（2）实施差别化产业政策推进制造业转型升级。具体如下：一是多举措、多途径、多渠道，政策强力推进扶持类制造业企业快速发展与做大做强。要通过扶持性财政拨款、财政资助、财政立项、税费减免、政府采购、信用担保、贷款补息贴息、资源使用优惠、出口鼓励、人才支持、政策指导、其他倾斜性政策等，既要为扶持类产业创业与企业发展提供优良的硬件环境与政策环境，又要为其提供实实在在的财力、物力与人力的支持，促推扶持类产业快速发展与做大做强，增强产业综合国际竞争力。二是政策引导与倒逼限制类，尤其是禁止类制造业企业转型升级或退出市场。既要充分发挥财政、税收、信贷、资源使用、价格、政策等的杠杆效应，引导限制类与禁止类产业转型升级，又要通过提高不转型升级发展的限制类、禁止类产业所属企业的各项税费及资源使用费等，增加其运营成本，倒逼其退出市场。总之，要充分发挥各种政策的综合效用，逐步淘汰限制类产业，大力发展常规类产业，重点培育发展扶持类产业，全面推进制造业结构升级。

二、实施有扶有控的差别化区域政策促进制造业升级

我国幅员辽阔，区域劳动力供给、要素禀赋、资源环境、经济社会发展、科技与产业发展水平等差异很大。因此，要根据各地区经济社会发展实际情况，实施有扶有控的差别化区域政策，推动制造业转型升级。

（1）东南沿海及各主要发达城市或地区既要发挥资本相对丰裕与技术创新能力相对较强的优势，政策引导与扶持高端制造业快速发展，尤其是要通过财税政策与资源使用优惠等强力推进高精尖技术型绿色环保产业快速发展，抢占新一轮国际技术主导权、高新技术产业发展先机和经济发展制高点；又要规避劳动力供给数量短缺、劳动力成本急剧攀升可能带来的增长瓶颈，政策倒逼低端制造业企业转型升级或向中西部地区转移，以“腾笼换鸟”，加速区域内制造业升级。

（2）西部地区既要发挥劳动力供给数量相对丰裕的比较优势，出台优惠政策吸引东部及海外劳动密集型企业过来投资建厂，多举措吸引和扶持外出务工农民

返乡创业，有效促进资本积累与就地就业，加快解决“三留守”问题，又要积极争取国家的政策支持，加大对教育、研发和基础设施建设的投入力度，加大对高层次创新型人才、高端项目和高新技术企业的引进力度，加速区域内人力资本积累、技术进步和新型城市化进程，同时优化政府职能和提高行政效率，多举措促进区域内产业结构优化。

（3）中部地区既可以继续发挥劳动力供给数量对中端制造业发展的促进作用，政策引导中端制造业做大做强、集团化、国际化发展，又要规避总抚养比上升和政府干预不当对产业升级的不利影响，加大教育和R&D投入力度，充分发挥劳动力供给质量提高和R&D投入增加对制造业结构高度化和合理化的强力促推作用，加速布局和发展高新技术产业。

三、实施差别化政策推进制造业“走出去”对接“一带一路”倡议

“一带一路”倡议将是影响中国、亚洲乃至世界未来10年甚至更长时间经济社会发展的重大区域性经济合作战略。“一带一路”沿线大多数国家或地区劳动力供给丰裕、成本相对较低，资源丰富但工业化与技术水平相对较低。因此，在高层强力推进实施“一带一路”倡议的大背景下，根据比较优势理论、要素禀赋理论与边际产业扩张论等，要通过实施差别化产业政策与区域政策，引导与鼓励中低端制造业企业走出去，用好用足国内国外两个市场。要实施差别化政策，重点鼓励在国内比较优势渐弱，但在“一带一路”沿线国家仍有竞争优势的产业走出去。

综合来看，随着国内劳动力供给数量的不可逆趋减和劳动力成本的不可逆攀升，数量型人口红利已经消退，劳动密集型制造业比较优势不复存在；再加之国内原材料成本不断上升，能源与环境承受能力不断下降，资源密集型产业发展也面临重重压力。而“一带一路”沿线国家与地区恰好拥有丰富而廉价的劳动力资源、自然资源及不断增长的市场需求。因此，政府政策既要引导与鼓励国内劳动与资源密集型制造业企业走出去，甚至逐步转移出去，到“一带一路”沿线劳动力、自然资源供给丰裕且廉价的国家与地区去投资建厂；又要引导与鼓励资本与技术密集型制造业企业在控制研发、技术、核心零部件生产、售后与品牌服务等中高端环节的前提下，将组装、生产与制造环节转移到“一带一路”沿线国家去，充分利用当地丰富且廉价的劳动力与自然资源，以获取更高利润，获得更大发展、做大做强。

第十章　研究结论与展望

第一节　主 要 结 论

在人口结构转变、人口老龄化加速与高等教育大众化的多重背景下，我国劳动力供给，无论是供给数量、质量、结构还是成本，尤其是新生代劳动力供给，正发生前所未有的深刻变化，突出表现如下：劳动力供给数量长期趋减，劳动力成本快速攀升，数量型人口红利消退；劳动者人均受教育年限较快增长，知识型劳动力占比提速，高端劳动力供给相对丰裕且成本相对较低，质量型人口红利日渐凸显；总抚养比上升，适龄劳动人口开始老化，进一步削减人口红利；新生代劳动力择业行为转变，呈明显的“去制造业化”“高端化”“服务化”新态势。劳动力供给正发生的这些深刻变化，将对我国制造业发展与转型升级产生深远影响。

本书研究基于实地调研与数据统计，运用历年全国及分地区劳动力供给和制造业细分行业相关数据，对我国劳动力供给和制造业发展及转型升级的现状及存在的主要问题进行了分析，对劳动力供给和制造业升级二者之间的内在联系与作用机理深入展开探讨，并通过模型构建、计量检验，对劳动力供给影响制造业升级的效应进行了实证检验，并得出以下主要结论：

（1）在人口老龄化加速背景下，劳动力供给数量将在相当长的时期内呈不可逆下降趋势，低端劳动力供给提前出现拐点，并呈急剧下降态势，劳动力尤其是低端劳动力成本迅速攀升，数量型人口红利从东至西依次消退，劳动力供给数量的增加对东、中部地区制造业升级的影响已经不明显，制造业原有低成本优势一去不复返，低成本扩张型、数量规模扩张型增长方式不可持续。应通过实施差别化的区域政策与产业政策，依次从东部向西部，通过财政、税收、金融、资源使用等倾斜性政策，引导劳动密集型制造业企业要么转型升级，要么退出市场，要么向中西部或“一带一路”沿线劳动力供给丰裕的国家或地区转移。

（2）在高等教育大众化背景下，劳动者人均受教育年限将呈长期不可逆上升趋势，知识型劳动力占比加速上升，高端劳动力供给相对丰裕但需求相对不足，知识型劳动力相对成本较低，人力资本得到一定积累，质量型人口红利潜力巨大，如果开发得当，将成为推动我国制造业转型升级和经济社会又好又快发展的更为持久的动力源泉。劳动力供给质量提升也已经成为推动我国东、中部地区制造业转型升级的核心力量。因此，要顺应劳动力供给高端化的趋势，实施差别化产业政策，多途径、多举措，强力保护和扶持高新技术产业快速发展和做大做强。

（3）在人口结构转变与全面二孩化的双重背景下，无论是老年抚养比、少儿抚养比，还是总抚养比都开始上升，无疑增加了社会总负担，进一步削减了总人口红利，总体上抑制了制造业结构优化，不利于制造业转型升级。因此，既可以考虑适当延迟退休年龄，增加有效劳动力供给，减轻社会负担，又要在进一步放松计划生育政策，增加劳动力供给数量的同时，多途径、多举措应对少儿抚养比上升对有效劳动力供给，尤其是女性劳动力供给可能带来的负向冲击。

（4）劳动力成本上涨既可以通过压缩低端制造业企业的利润与发展空间，倒逼低端制造业转型升级；又可以通过提高消费与需求水平，拉动高端制造业快速发展，从而成为驱动制造业转型升级的重要力量。因此，既要正确认识和充分利用好劳动力成本上涨这把双刃剑，通过构建低端制造业企业退出或转型补偿扶持机制和高端制造业企业培养与发展政策助推机制，加快推进制造业转型升级；又要防范低端劳动力成本过快高涨可能导致的低端制造业企业的成片猝死，及其可能带来的系列复杂经济社会问题。

（5）多重因素作用下新生代劳动力供给数量加速减少，人均受教育年限加速上升，择业行为呈明显的“去低端制造业化”、“高端化”与“服务化”新态势。新生代劳动力供给数量增加与质量提升均不利于低端制造业发展，却成为促进中高端制造业快速发展的核心因素。如果引导得当，新生代劳动力将成为推动制造业转型升级的重要力量。因此，既要多途径引导新生代形成科学的就业观，以免劳动密集型制造业企业因劳动力供给出现断层而成片猝死，又要政策强力引导低端制造业企业转型升级和助推高端制造业加速发展，以有效解决大学生“就业难”和低端企业“招工难”的双重问题。

（6）当前教育体制和人才培养模式下，高层次创新型人才严重不足，尤其是拔尖型、领军型科技人才少之又少，导致科技创新能力低下，核心关键技术攻关能力缺失，制造业技术竞争新优势难以形成。技术进步对制造业升级虽然有积极的促进作用，但作用力度不强、效用不大，这可能和我国技术结构不合理，核心、关键技术缺失密切相关。因此，要遵从高层次创新型人才培养规律，创新教育体制机制与人才培养模式，加大高层次人才引进力度，加快培养与引进一大批高层次创新型人才，强力实施创新驱动发展战略、“中国制造 2025”和一批国家级创新工程，加快突破一批产业核心、关键技术，加速培养技术竞争新优势，抢占新一轮技术主导权、产业制高点、发展主动权、标准制定权与国际话语权。

第二节　可能的创新点

（1）基于制造业价值链的低、中、高端和制造业细分行业存在劳动力需求异质性的基本假设，根据制造业各细分行业的劳动要素密集度，将制造业各细分行业重新归类为低端劳动力密集型、中端劳动力密集型、高端劳动力密集型三类产业，并依次对应劳动、资本与技术密集型产业，并以此为基础，开展相关研究。

（2）根据人口、教育与经济政策的阶段性差异带来的“80 后”“90 后”劳动力和“50 后”“60 后”“70 后”劳动力在人均受教育程度、核心家庭结构、家庭收入水平等方面存在较大差异，导致的“80 后”“90 后”劳动力在就业观念、择业行为、工作期望值、工作耐受力等方面和前几代劳动力存在的明显差异的原因，将“80 后”“90 后”劳动力界定为新生代劳动力，并针对新生代劳动力就业行为“去制造业化”“高端化”“服务化”等特征，专门研究新生代劳动力供给数量、质量、行为等对制造业升级的作用机理与影响效应。

（3）运用制造业细分行业数据、全国及分地区劳动力供给数据等，通过模型构建与计量检验，从全国和分地区两个层次，从劳动力供给数量、质量、结构、成本及新生代劳动力供给等多个维度、多重视角，深入探讨劳动力供给变化和制造业升级二者之间的内在联系、作用机理及影响效应，并基于理论分析与实证检验结果，探索和劳动力比较优势动态变化相协调的制造业升级路径和区域产业选择与布局机制。

（4）基于制造业细分行业的劳动力及其他生产要素需求异质性和各地区劳动力及其他生产要素供给的明显差异性，提出实施有保有压的差别化产业政策和有扶有控的差别化区域政策，包括低端制造业企业退出或转型升级财政补贴或扶持机制和高端制造业企业培育与发展的财政助推机制等，以政策强力引导和推进制造业转型升级。

第三节 研究展望

基于历年制造业细分行业数据、全国及分地区劳动力供给数据，本书从全国与分地区两个层面，从劳动力供给数量、质量、结构、成本，尤其是新生代劳动力供给等多个维度、多重视角，深入研究了劳动力供给变化和制造业转型升级二者之间的内在联系、作用机理及影响效应，并得出了一系列重要结论及启示，为探讨如何顺沿劳动力供给新变化，顺势推进制造业转型升级与结构优化，提供了重要的理论依据、经验数据、实证支持与政策建议。

但受学术水平、数据的可获得性及研究时限等影响，如下有趣、重要且富有现实意义的研究领域仍需我们进一步去探讨：

（1）劳动力供给变化对制造业价值链升级的影响效应的实证检验。制造业价值链升级是指制造业从全球价值链加工与组装的低端，依次向核心零部件生产及营销的中端，再向研发和品牌服务的高端不断升级的动态过程，是制造业升级的重要组成部分。由于处于制造业价值链的低、中、高端的企业对劳动力的需求存在明显的异质性，且依次对应低、中、高端劳动力，因此，劳动力供给动态变化对制造业价值链升级也存在明显影响。本书已经对劳动力供给变化和制造业价值链升级二者之间的内在联系与作用机制进行了有益探讨。但受制造业企业，尤其是跨国公司（集团）纵向一体化经营等影响，既难以完全按全球价值链的低、中、高端将制造业企业进行细分归类，又难以甚至无法将同一企业（集团）处于全球价值链低、中、高端的产值严格分开和归类。因此，截至目前，难以甚至无法获得处于全球价值链的低、中、高端的制造业细分行业企业的生产总值或主营业务收入的数据，从而使对劳动力供给变化对制造业价值链升级的影响效应进行计量检验的实证研究难以顺利展开。但这并不影响这一选题的研究价值与意义。

（2）新生代劳动力成本与择业行为对制造业升级的影响效应的实证检验。受人口与计划生育政策转变、高等教育大众化、核心家庭子女独生化、家庭收入水平迅速提高等多重因素影响，“80后”“90后”新生代劳动力和“50后”“60后”“70后”相比，在受教育程度、就业观念、择业行为、工作耐受力等诸多方面都存在明显差异，突出表现为新生代劳动力供给数量加速减少、人均受教育程度加速提高、择业行为高端化与服务化及工作耐受力低等。随着新生代劳动力逐步成长为市场主体劳动力，新生代劳动力供给的这一系列变化将对制造业升级产生深远影响。基于数据的可获得性，本书已经对新生代劳动力供给变化和制造业升级二者之间的内在联系与作用机理深入展开了探讨，对新生代劳动力供给数量与质量变化影响制造业升级的效应进行了实证检验，并且得出了一系列有趣而且重要的结论与启示。但是，无论是反映新生代劳动力成本的全国及分地区的“80后”“90后”在岗职工的工资数据，还是反映新生代劳动力择业行为的各细分行业及同一行业不同层次的岗位上“80后”“90后”在岗职工人数的数据，都难以甚至无法在短期内获取，从而使对新生代劳动力成本与择业行为对制造业升级的影响效应的相关实证检验难以展开。但这仍不妨碍其成为非常值得进一步探讨与研究的，非常有意义而且重要的研究领域。

参考文献

[1] 阳立高，谢锐，贺正楚. 劳动力成本上升对制造业结构升级的影响研究——基于中国制造业细分行业数据的实证分析. 中国软科学，2014，(12)：122-128.

[2] 阳立高，龚世豪，韩峰. 劳动力供给变化影响制造业升级的机理及政策研究. 科学决策，2015，(12)：19-41.

[3] 王金营，顾瑶. 中国劳动力供求关系形势及未来变化趋势研究. 人口学刊，2011，(3)：3-13.

[4] 魏浩，李翀. 中国制造业劳动力成本上升的基本态势与应对策略. 国际贸易，2014，(3)：10-15.

[5] 中国企业联合会，中国企业家协会. 2008~2014 中国制造业 500 强研究报告. 北京：机械工业出版社，2014.

[6] Prasad E. Capital flight in China? The Wall Street Journal，2012-10-15.

[7] 阳立高，龚世豪，韩峰. 新生代劳动力供给变化对制造业升级的影响研究——基于新生代劳动力供给和制造业细分行业数据的实证. 中国软科学，2015，(11)：136-144.

[8] 徐长玉. 中国劳动力市场培育研究. 北京：中国社会科学出版社，2009.

[9] 郑君君，朱德胜，关之烨. 劳动人口、老龄化对经济增长的影响——基于中国 9 个省市的实证研究. 中国软科学，2014，(4)：149-159.

[10] 钞小静，沈坤荣. 城乡收入差距、劳动力质量与中国经济增长. 经济研究，2014，(6)：30-43.

[11] 李海峥，唐棠. 基于人力资本的劳动力质量地区差异. 中央财经大学学报，2015，(8)：72-80.

[12] 赵履宽，杨体仁，姚先国. 劳动经济学. 北京：中国劳动出版社，1997.

[13] 程剑鸣. 我国转变经济增长方式与劳动力质量的均衡分析. 学术研究，2007，(6)：51-55.

[14] 程晨，王萌萌. 企业劳动力成本与全要素生产率——"倒逼"机制的考察. 南开经济研究，2016，(3)：118-132.

[15] 齐明珠. 我国 2010~2050 年劳动力供给与需求预测. 人口研究，2010，34(5)：76-87.

[16] 杨金鑫. 劳动力成本、质量与中国的比较优势变迁. 暨南大学硕士学位论文，2013.

[17] Bloom D E，Grenier G，Gunderson M. The changing labor market position of Canadian immigrants. Canadian Journal of Economics，1995，28：987-1005.

[18] 周宇. 中国是否仍然拥有低劳动力成本优势? 世界经济研究，2014，(10)：3-8.

[19] 刘琦. 人口偏好结构转变、人口质量红利与中国农业发展. 陕西师范大学博士学位论文，2014.

[20] 葛寅. 从人口红利到人力资本红利——简析上海市“人口红利”下降的影响. 上海社会科学院硕士学位论文，2015.

[21] 蔡昉. 未来的人口红利——中国经济增长源泉的开拓. 中国人口科学，2009，(1)：2-10.

[22] 张辽. 人口红利、结构红利与区域经济增长. 中国人口·资源与环境，2012，(9)：97-102.

[23] 钟水映，赵雨，任静儒. “教育红利”对“人口红利”的替代作用研究. 中国人口科学，2016，(2)：26-34.

[24] 郑金花. 我国人口红利仍有新的空间. 宏观经济管理，2016，(4)：19-21.

[25] 刘琦，郭剑雄. 人口偏好结构转变、人口质量红利与农业发展：以中国东部地区为例. 西北人口，2013，(6)：13-18.

[26] 陈对. 我国人口质量红利影响因素研究. 统计与决策，2015，(10)：88-91.

[27] 尹银，周俊山. 人口红利在中国经济增长中的作用——基于省级面板数据的研究. 南开经济研究，2012，(2)：120-130.

[28] 王正中. “民工荒”现象与新生代农民工的理性选择. 理论学刊，2006，151 (9)：75-76.

[29] 王春光. 新生代农村流动人口的社会认同与城乡融合的关系. 社会学研究，2001，(3)：63-76.

[30] 刘妍. 社会转型背景下大学生择业观念与择业行为研究. 吉林大学硕士学位论文，2011.

[31] 林志强. 论金融危机背景下大学生择业观念的转变. 山东社会科学，2009，(8)：74-76.

[32] 罗坚元. 新生代农民工的择业行为与就业质量. 华南农业大学学报（社会科学版），2015，(1)：46-55.

[33] 罗三桂. 关于大学毕业生择业行为的理性思考. 清华大学教育研究，2007，28 (5)：69-75.

[34] 宁慧. 新生代农民工择业观：一种社会网络视角分析. 中南大学硕士学位论文，2010.

[35] 罗竖元，李萍. 社会资本对新生代农民工择业行为影响调研. 广东行政学院学报，2011，23 (2)：93-98.

[36] Porter M E. Competitive Advantage. New York：The Free Press，1985.

[37] Gereffi G . The organization of buyer-driven global commodity chains：how U.S. retailers shape overseas production networks//Gereffi G，Korzeniewic M. Commodity Chains and Global Capitalism. New York：Praeger Publishers，1994.

[38] Kaplinsky R，Morris M. A Handbook for Value Chain Research. Ottawa：IDRC，2002.

[39] 郝凤霞，张璘. 低端锁定对全球价值链中本土产业升级的影响. 科研管理，2016，(1)：131-141.

[40] 李新功. 区域金融改善与产业结构优化. 科学学研究，2016，(6)：833-840.

[41] 杨安. FDI 与产业结构优化升级的相关性研究. 山东大学博士学位论文，2013.

[42] 肖兴志，吴绪亮. 产业组织理论研究的新领域、新问题与新方法——2012 年产业组织前沿

问题研讨会综述. 经济研究，2012，(8)：146-151.
[43] 韩永辉，黄亮雄，王贤彬. 产业结构优化升级改进生态效率了吗? 数量经济技术经济研究，2016，(4)：40-59.
[44] 匡远配，唐文婷. 中国产业结构优化度的时序演变和区域差异分析. 经济学家，2015，(9)：40-47.
[45] 赵放，曾国屏. 全球价值链与国内价值链并行条件下产业升级的联动效应——以深圳产业升级为案例. 中国软科学，2014，(11)：50-58.
[46] 王丽君. 我国产业结构变迁对经济增长影响的区域差异化研究——基于产业结构合理化和高级化的视角. 上海师范大学硕士学位论文，2015.
[47] 刘树成. 现代经济辞典. 南京：江苏人民出版社，2005.
[48] Becker G S. Irrational behavior and economic theory. Journal of Political Economy，1962，70 (1)：1-13.
[49] 吴崇伯. 论东盟国家的产业升级. 亚太经济，1988，(1)：26-30.
[50] 刘明宇，芮明杰. 价值网络重构分工演进与产业结构优化. 中国工业经济，2012，(5)：148-160.
[51] 穆怀中，吴鹏. 城镇化产业结构优化与城乡收入差距. 经济学家，2016，(5)：37-44.
[52] 田洪川. 中国产业升级对劳动力就业的影响研究. 北京交通大学博士学位论文，2013.
[53] 王志华，董存田. 中国制造业结构与劳动力素质结构吻合度分析. 人口与经济，2012，(5)：1-7.
[54] 斯密 A. 国富论. 郭大力，王亚南译. 北京：译林出版社，2011.
[55] 李嘉图 D. 政治经济学及赋税原理. 郭大力，王亚南译. 南京：凤凰出版传媒集团，2011.
[56] Jevons W S. The causes of British unemployment. National Institute Economic Review，2015，111 (1)：62-85.
[57] Robbins L. On the elasticity of demand for income in terms of effort. Econometrics，1930，(10)：123-129.
[58] Aghion P，Howitt P. Growth and unemployment. Review of Economic Studies，1994，61 (3)：477-494.
[59] Stigle G J. Information in the labor market. Journal of Political Economics，1962，70 (5)：94-105.
[60] McCall J J. The economics of information and optimal stopping rules. Journal of Business，1965，38 (3)：300-317.
[61] Butters G R. Equilibrium distributions of sales and advertising prices. Review of Economic Studies，1977，44 (3)：465-491.
[62] Diamond P. A model of price adjustment. Journal of Economic Theory，1986，(3)：156-168.
[63] Fabien P V，Robin J M. Equilibrium wage dispersion with worker and employer heterogeneity.

Econometrica，2002，70（6）：2295-2350.

[64] James D M. Social networks and labor market outcomes：toward an economic analysis. American Economic Review，1991，81（5）：1408-1418.

[65] Wang J Y，Gong S H. Essays on labor supply model evaluation and internet job searc. Princeton University，2013.

[66] William R J，Jonathan S. Labor supply and marital separation. American Economic Review，1986，76（3）：455-469.

[67] Barron J M，Mellow W. Search effort in the labor market. Journal of Public Economics，1979，（14）：389-404.

[68] Lewis W A. Economic development with unlimited supplies of labor. Manchester School of Economics and Social Studies，1954，5（22）：139-191.

[69] Park J S. Dispersion of human capital and economic growth. Journal of Macroeconomics，2004，28（3）：520-539.

[70] Liu T L，Chiu S. Industrial restructuring and labor-market adjustment under positive noninterventionism：the case of Hong Kong. Environment and Planning A，1993，25（1）：63-79.

[71] Kossek E E，Ozeki C. Work-family conflict，policies，and the job-life satisfaction relationship：a review and directions for organizational behavior-human resources research. Journal of applied psychology，1998，83（2）：139-149.

[72] Wemer S. Innovations，prices and employment：a theoretical model and an empirical application for West German manufacturing firms. The Journal of Industrial Economics，1998，46（3）：359-381.

[73] 蔡昉. 劳动力短缺：我们是否应该未雨绸缪. 中国人口科学，2005，（6）：11-16，95.

[74] 王德文. 人口低生育率阶段的劳动力供求变化与中国经济增长. 中国人口科学，2007，（1）：44-52.

[75] 邵晓，任保平. 我国无限劳动力供给时代有没有结束. 经济学动态，2009，（5）：56-60.

[76] Canning D. The impact of aging on asian development. World Bank Economic Review，1997，13（12）：419-455.

[77] 唐代盛，邓力源. 人口红利理论研究新进展. 经济学动态，2012，（3）：115-122.

[78] Mason A. Population Change and Economic Development in East Asia. Palo Alto：Stanford University Press，2001.

[79] Cook S. Structural change，growth and poverty reduction in Asia：pathways to inclusive development. Development Policy Review，2006，24（S1）：S51-S80.

[80] Krueger A B，Summers L H. Efficiency wages and the inter-industry wage structure. Econometric，1988，56（2）：259-293.

[81] 王伟同. 中国人口红利的经济增长“尾效”研究——兼论刘易斯拐点后的中国经济・财贸

经济，2012，(11)：14-20.
[82] Bloom D E, Canning D, Sevilla J. Economic growth and the demographic transition. The NBER Working Paper，2001.
[83] 王健，李佳. 人力资本推动产业结构升级：我国二次人口红利获取之解. 现代财经，2013，(6)：35-44，78.
[84] 孟令国，王清. 刘易斯转折点、二次人口红利与经济持续增长研究. 经济理论与经济管理，2013，(6)：44-53.
[85] Bloom D E，Canning D，Fink G，et al. Does age structure forecast economic growth? International Journal of Forecasting，2007，23（3)：569-585.
[86] 樊艳华，袁建华，史正. 论我国未来人口与可持续发展. 科学决策，2014，(3)：1-29.
[87] 刘厚莲. 人口红利的本质、衡量与中国考察. 人口与社会，2015，31（1)：25-32.
[88] 胡鞍钢，才利民. 从六普看中国人力资源变化：从人口红利到人力资源红利. 清华大学教育研究，2009，(4)：1-7.
[89] 穆光宗. 中国的人口红利：反思与展望. 浙江大学学报，2008，(3)：5-13.
[90] Masson A, Lee R. Reform and support systems for the elderly in developing countries: capturing the second demographic dividend. International Seminar on the Demographic Window and Health Aging：Socioeconomic Challenges and Opportunities，2006.
[91] Lewis W A. Reflections on Unlimited Labor. New York：Academic Press，1972.
[92] Romer P M. Increasing returns and long run growth. Journal of Political Economy，1986，94（5)：1002-1037.
[93] Banister J，Cook G. China's employment and compensation costs in manufacturing through 2008. Monthly Labor Review，2011，134（3)：39-52.
[94] Anand V S. A simple test of the nutrition-based efficiency wage model. Journal of Development Economics，1997，53（1)：85-98.
[95] Velenchik A D. Government intervention, efficiency wages, and the employer size wage effect in Zimbabwe. Journal of Development Economics，1997，53（2)：305-338.
[96] 罗来军，史蕊，陈衍泰. 工资水平劳动力成本与我国产业升级. 当代经济研究，2012，(5)：36-42.
[97] 贾小玫. 中国制造业劳动力成本上升的正负效应分析. 财经理论与实践，2015，(4)：121-125.
[98] 张车伟，向晶. 代际差异、老龄化与不平等. 劳动经济研究，2014，2（1)：3-25.
[99] 景光仪，陈井安. 基于劳动力特点的中印制造业竞争分析. 江西社会科学，2015，（9）：35-42.
[100] 朱卫平，陈林. 产业升级的内涵与模式研究. 经济学家，2011，（2）：60-66.
[101] 李中建，刘翠霞. 制造业升级中劳动力需求趋势与质量结构研究. 工业技术经济，2015，

255（2）：117-123.

[102] van Ark B，Monnikhof E. Productivity and Unit Labor Cost Comparisons：A Data Base. Geneva：ILO Publication，2000.

[103] Farrell D, Grant A J. China's looming talent shortage. The McKinsey Quarterly, 2005, 56(4): 70-79.

[104] Lloyd C，Payne J. In search of the high skills society：some reflections on current visions. Skope Research Paper，2012.

[105] 都阳. 制造业企业对劳动力市场变化的反应:基于微观数据的观察. 经济研究,2013,(1): 32-40.

[106] 王炜，孙蚌珠. 劳动力供需对劳动密集型制造业增长的影响分析——基于 1996~2011 年的数据. 工业技术经济，2014，（3）：42-51.

[107] 刘渝琳，熊婕，李嘉明. 劳动力异质性、资本深化与就业——技能偏态下对“用工荒”与就业难的审视. 财经研究，2014，40（6）：95-108.

[108] 任栋,李新运. 劳动力年龄结构与产业转型升级——基于省际面板数据的检验. 人口与经济，2014，（5）：95-103.

[109] 韩民春，李根生. 劳动力成本上升与产业发展：去工业化还是结构升级. 中国科技论坛，2015，（5）：48-53.

[110] 茅锐，徐建炜. 劳动力结构与产业结构调整. 浙江大学学报（人文社会科学版），2015，45（2）：164-183.

[111] Solow R M. Technical change and the aggregate production function. The Review of Economics Statistics，1957，39（3）：312-320.

[112] Kennedy C. Induced bias in innovation and the theory of distribution. The Economic Journal, 1964，74（295）：541-547.

[113] Kuzhets S. The division of labor，coordination costs，and knowledge. Quarterly Journal of Economics，1992，107（4）：1137-1160.

[114] Charles E S. The division of labor and the extent of the market. Economics Letters，1999，62（1）：135-138.

[115] van Zandweghe W. Interpreting the recent decline in labor force participation. America Economic Reviews，2012，79（2）：191-215.

[116] Kuzhets S. Economic growth and income inequality. America Economic Review，1955，45（1）：1-28.

[117] Toossi M. Labor force projections to 2020：a more slowly growing workforce. Monthly Labor Review，2012，135（1）：43-64.

[118] Banister J. Manufacture China today：employment and labor compensation. Economic Program Working Paper Series，2007.

[119] 蔡昉. 农业劳动力转移理论评述. 开发研究，1998，（3）：42-45.
[120] 蔡昉. 劳动力供给与中国制造业的新竞争力来源. 中国发展观察，2012，（4）：17-19.
[121] 中国就业编辑部. 劳动力成本. 中国就业，2016，（9）：12.
[122] 张平，刘霞辉. 劳动力供给效应与中国经济增长路径转换. 经济研究，2007，（10）：4-16.
[123] 李术君，李韬. 人口老龄化对我国农村劳动力劳动生产率的影响. 科学决策，2008，（10）：20-46.
[124] 王燕武，李文溥，李晓静. 基于单位劳动力成本的中国制造业国际竞争力研究. 统计研究，2011，（10）：60-67.
[125] 吕政. 论中国工业的比较优势. 中国工业经济，2003，（4）：5-10.
[126] 王佳菲. 提高劳动者报酬的产业结构升级效应及其现实启示. 经济学家，2010，（7）：35-41.
[127] 魏浩，郭也. 中国制造业单位劳动力成本及其国际比较研究. 统计研究，2013，30（8）：102-110.
[128] 白积洋. 中国制造业集聚机制再研究：基于内生交易成本视角. 科学决策，2012，（10）：18-77.
[129] 都阳，曲玥. 劳动报酬、劳动生产率与劳动力成本优势——对2000-2007年中国制造业企业的经验研究. 中国工业经济，2009，（5）：25-35.
[130] 李文溥，陈贵富. 工资水平、劳动力供求结构与产业发展型式——以福建省为例. 厦门大学学报（哲学社会科学版），2012，（5）：5-13.
[131] 刘丽，任保平. 工资对产业结构升级的影响——基于中国经济数据的分析. 财经科学，2011，（2）：36-43.
[132] 原小能，唐成伟. 劳动力成本、交易成本与产业结构升级. 浙江大学学报（人文社会科学版），2015，45（5）：133-142.
[133] 郑伟，林山君，陈凯. 中国人口老龄化的特征趋势及对经济增长的潜在影响. 数量经济技术经济研究，2014，（8）：3-20.
[134] 姚引妹，李芬，尹文耀. 单独两孩政策下独生子女数量、结构变动趋势预测. 浙江大学学报（人文社会科学版），2015，45（1）：94-104.
[135] 郭靖，周月容. 新生代产业工人的心理特征分析：基于量化研究和质性研究. 中国临床心理学杂志，2015，23（3）：503-511.
[136] 孔媛. 城市“新二元结构”从分割到融合的新政治经济学分析——以上海为例. 复旦大学博士学位论文，2011.
[137] 张宝文. 促进农业机械化又好又快发展 为实现中国特色农业现代化贡献力量——张宝文副部长在全国农业工作会议农机专业会上的讲话. 中国农机化，2008，（1）：3-11.
[138] 朱建民. 我国制造业竞争力的控制力现状与对策. 经济纵横，2014，（3）：39-44.
[139] van Ark B，et al. Labor cost and economic growth. Journal of Political Economy，2000，

98（5）：71-102.
[140] 高铁梅，范晓非. 中国劳动力市场的结构转型与供求拐点. 财经问题研究，2011，（1）：22-31.
[141] 王元地，潘雄峰，刘凤朝. 科技进步贡献率测算及预测实施研究. 商业研究，2005，（5）：28-31.
[142] 钱皓. 兰德公司与美国对华军事政策研究. 国际观察，2005，（6）：19-26.
[143] 解明松. 奇瑞的成功对长三角地区制造业发展的启示. 现代商贸工业，2011，（10）：87-88.
[144] 蔡昉. “中等收入陷阱”的理论、经验与针对性. 经济学动态，2011，（12）：4-9.
[145] 赵永新. 国家创新指数中国排名 19. 人民日报，2014-03-31.
[146] 李春玲. 文化水平如何影响人们的经济收入——对目前教育的经济收益率的考查. 社会学研究，2003，（3）：64-76.
[147] 阳立高，刘念念，柒江艺. 劳动力成本与利润差异对制造业升级的影响研究. 财经理论与实践，2016，（2）：112-117.
[148] 王颖，倪超. 中国产业结构与大学生就业的关联性分析——基于省级面板数据的实证研究. 国家行政学院学报，2014，（6）：79-84.
[149] 傅元海，叶祥松，王展祥. 制造业结构优化的技术进步路径选择——基于动态面板的经验分析. 中国工业经济，2014，318（9）：78-90.
[150] 阳立高，龚世豪，韩峰. 劳动力供给变化对制造业结构优化的影响研究. 财经研究，2017，43（2）：122-134.
[151] 韩峰，柯善咨. 空间外部性、比较优势与制造业集聚——基于中国地级市面板数据的实证分析. 数量经济技术经济研究，2013，（1）：22-38.
[152] 柯善咨，向娟. 1996—2009 年中国城市固定资本存量估算. 统计研究，2012，29（7）：19-24.
[153] 陆铭，欧海军. 高增长与低就业：政府干预与就业弹性的经验研究. 世界经济，2011，（12）：3-31.
[154] 阳立高，龚世豪，韩峰. 新生代劳动力供给变化对产业升级的影响研究——基于分地区新生代劳动力供给和产业结构数据的实证. 财经理论与实践，2017，38（2）：105-110.
[155] 孙力军，崔茂中. 中国的金融发展所有制结构调整与经济增长. 当代经济科学，2008，30（1）：37-46.
[156] 李贤珠. 中韩产业结构高度化的比较分析——以两国制造业为例. 世界经济研究，2010，（10）：81-86.
[157] 张军，吴桂英，张吉鹏. 中国省际物质资本存量估算. 经济研究，2004，（10）：35-44.
[158] 李芳，龚新蜀，张磊. 生态脆弱区产业结构变迁的生态环境效应研究——以新疆为例. 统计与信息论坛，2011，26（12）：63-69.
[159] 李建荣. 人民币实际有效汇率错位与 FDI 流入的实证研究. 海南金融，2016，（1）：5-11.

[160] 孙玉磊. 劳动力成本上升影响制造业产业结构的理论与实证研究. 湖南大学硕士学位论文，2014.
[161] 曹兴，王栋娜，张伟. 战略性新兴产业自主技术创新影响因素及其绩效分析. 科学决策，2014，（12）：35-51.
[162] 方伟. 解决大学生就业难问题的制度建置. 中国高等教育，2013，（20）：24-28.
[163] 21 世纪教育研究院. 中国教育发展报告（2014 教育蓝皮书）. 北京：社会科学文献出版社，2014.
[164] 张会清，唐海燕. 产品内国际分工与中国制造业技术升级. 世界经济研究，2011，（6）：44-50.
[165] 孔伟杰. 制造业企业转型升级影响因素研究——基于浙江省制造业企业大样本问卷调查的实证研究. 管理世界，2012，（9）：120-131.
[166] 孙琳琳，任若恩. 转轨时期中国行业层面资本积累的研究——资本存量和资本流量的测算. 经济学（季刊），2014，13（3）：837-862.
[167] 阳立高，贺正楚，柒江艺. 发展中国家知识产权保护、人力资本与经济增长. 中国软科学，2013，（11）：123-138.
[168] Solow R M. A contribution to the theory of economic growth. Quarterly Journal of Economics，1956，2（70）：65-94.
[169] Swan T W. Economic growth and capital accumulation. Economic Record，1956，3（63）：334-361.
[170] Romer P M. Endogenous technological change. Journal of Political Economy，1990，12（5）：71-102.
[171] Colin C. The Conditions of Economic Progress. London：Macmillan and Co.，Limited，1940.
[172] 陈建军，杨飞. 人力资本异质性与区域产业升级：基于前沿文献的讨论. 浙江大学学报（人文社会科学版），2014，44（5）：149-160.
[173] 詹浩勇，冯金丽. 西部生产性服务业集聚对制造业转型升级的影响——基于空间计量模型的实证分析. 技术经济与管理研究，2016，（4）：102-109.
[174] 张国强，温军，汤向俊. 中国人力资本、人力资本结构与产业结构升级. 中国人口·资源与环境，2011，21（10）：138-146.
[175] Acs Z J，Audrestsch D. Innovation in large and small firms：an empirical analysis. The American Economic Review，1988，78（4）：678-690.
[176] 江庆. 省际间财力差距的地区分解和结构分解. 统计研究，2009，26（6）：45-50.
[177] 阳立高，杨沿平，刘建江. 优化 R&D 融资促进汽车产业自主创新研究——基于开征研发税的构想. 科学学与科学技术管理，2012，33（1）：29-35，89.
[178] 阳立高，贺正楚，韩峰. 湖南省战略性新兴产业人才需求预测及对策. 中国科技论坛，2013，（11）：85-91.

[179] 阳立高，韩峰，杨华峰. 国外高技能人才培养经验及启示. 中国科技论坛，2013，（11）：121-126.
[180] 阳立高，贺正楚，韩峰. 战略性新兴产业人才开发问题与对策——以湖南省为例. 科技进步与对策，2013，30（10）：143-147.
[181] 阳立高，韩峰，杨华峰. 发达国家高层次创新型人才开发经验及启示. 科技进步与对策，2014，31（8）：140-144.
[182] 阳立高，刘建江，杨沿平. 基于开征研发税的国家新能源汽车自主创新工程. 科学管理研究，2010，28 （4）：16-20.
[183] 阳立高，廖进中，向鑫琳. 汽车产业 R&D 投入与经济增长实证研究. 经济问题，2010，（1）：30-33.
[184] 阳立高，贺正楚，杨沿平. 基于资本股权和知识产权的我国汽车产业发展战略研究. 科学管理研究，2013，（4）：53-56.
[185] 肖林，周国平，郭爱军. 中国（上海）自由贸易试验区改革开放成效与制度创新研究. 科学发展，2015，（1）：69-77.

后　记

党的十九大报告提出，要“促进我国产业迈向全球价值链中高端，培育若干世界级先进制造业集群”。这既是新时代下对我国产业发展提出的新要求，又是对经济研究提出的新课题。然而，在当前人口老龄化、高等教育大众化和全面二孩化等多重背景下，我国劳动力供给正发生深刻变化，将对制造业发展与转型升级产生深远影响，突出表现如下：劳动力供给数量下降，劳动力成本上升，制造业原有低成本优势正在消失；人均受教育年限延长，劳动力供给质量上升，但人才核心关键技术创新能力仍然较低，制造业技术竞争新优势难以形成；新生代劳动力择业偏好转变，呈“去制造业化”发展新态势，使我国制造业发展与转型升级面临多重困境。因此，如何顺沿劳动力供给新变化，顺势推进制造业转型升级与结构优化，成为我国经济社会发展亟待解决的重大现实问题。

基于此，本书从劳动力供给数量、质量、结构、成本、新生代劳动力供给等多重维度，深入分析了劳动力供给变化和制造业转型升级二者之间的内在联系与作用机理，并实证检验了劳动力供给变化对制造业升级的影响效应，在此基础上，就如何协同劳动力供给新变化，顺势推进制造业转型升级与结构优化提出了相应的政策建议。

本书的出版得到国家社会科学基金重点项目“劳动力结构变化促进制造业迈向全球价值链中高端的机理及政策研究”（18AJL008）、国家社会科学基金青年项目“劳动力供给变化影响制造业升级的机理及政策研究”（13CJL058）、教育部社会科学重大课题攻关项目“发达国家‘再工业化’对中国制造转型升级的影响及对策研究”（17JZD022）、国家自然科学基金面上项目“国际贸易投资规则重构影响中国出口价值链升级：机制、效应及其路径研究”（71673083）和湖南省社会科学成果评审委员会重大课题“促进湖南制造业迈向全球价值链中高端的机制与政策研究”（项目编号：XSP20ZDA005）等项目资助。

在本书完稿即将付印之际，衷心感谢科学出版社为本书的撰写与出版提供的支持，使得作者多年的研究成果得以展示。感谢徐倩等编辑在本书完成和出版过程中给予的帮助。

在本书撰写过程中，得到了多方指导、支持与帮助。首先，要特别感谢赖明勇教授、杨华峰教授、刘建江教授、谢锐教授、韩峰副教授等给予的指导、支持与帮助；其次，感谢我的学生龚世豪、于金柳、刘念念、李婷、李永奇、赵思嘉、胡敏智、黄磊、李璐璐、彭頔雯等在本书撰写过程中所做的工作；最后，感谢我尊敬的父母和岳父岳母、体贴入微的妻子、活泼可爱的一双儿女等，感谢你们的关爱、理解与支持。

由于时间和水平有限，书中难免存在不足之处，敬请广大读者和有关专家批评指正。

阳立高

2018 年 12 月